大展好書 好書大展

大展好書 好書大展

實用心理學講座

5

透視人性弱點

多湖輝／著
嚴思圖／譯

大展出版社有限公司

序　文——透視對方的弱點

自我的敵人——弱點

何謂人類的弱點？個子太矮，頭髮稀少，個性懦弱，學歷低，懼內——的確，諸如此類的問題，似乎都是人的弱點與缺陷。

然而，這些問題真會成為人的致命傷嗎？筆者認識一位朋友，身高不過五尺，頭上只有幾許毛髮，可謂牛山濯濯。但是，他卻是個頂天立地的男子漢，對自己充滿信心，言行舉止中自然流露一股大丈夫的威儀。經過不斷的努力，他不僅掙得令人稱羨的社會地位，也贏得如花美眷，養下一對聰明可愛的子女，過著幸福快樂的生活。

對他而言，不論是個子矮或頭髮稀少，雖然帶給他一些心理上的遺憾，卻還不至於對他造成致命的打擊，成為阻礙他奮發向上的弱點。

相反地，筆者有另一位朋友，長得一表人才，風度翩翩，人人都羨慕他玉樹臨風般的外表。然而，這位朋友卻對自己缺乏信心，個性優柔寡斷，善惡不分，是非不明，做起事來錯誤百出，所以很多人都背地裡批評他是「金玉其表、敗絮其內」。

此外，有些人做事太過於懦怯，不敢放手一搏，這似乎是一般人最大的弱點，而這種弱點也可能是過度謙虛，以致低估自己實力的結果。由此可見，所謂人的弱點，並沒有客觀的基準，是極為主觀的。我們甚至可以說，弱點之所以成為弱點，是因為我們將它視為弱點。

這種弱點心理和要求心理很類似。有些人考試得九十分，會為自己沒有拿滿分而悶悶不樂。相反的，有人只拿七十分便雀躍不已。換言之，對自我的要求標準不同，對於同樣成績的接受方式也有異。

由此可見，弱點是否會真的成為弱點，和個人的心態有莫大的關係。而一個人要改變心態，克服弱點，使其成為優點，當然不是容易的事。

如前述那位矮個子的朋友，很可能是經過種種心理的糾葛，嘗試過無數的痛苦後，才達到明悟的境界，超越外表的美醜，呈現出不為外力所屈的氣度。而這種破除心理障礙的努力，一般人很難做得到。

事實上，我們受弱點意識困擾的程度，往往連自己也想像不到。從外表上看來，我們似乎克服了內在的弱點，但在某種情境下，隱藏在心中的弱點意識又會覺醒，使人失去平衡。

當然，任何人都不希望自己的弱點為人所察覺，因此會千方百計將它隱藏於內心深處。但是，我們愈想隱藏這些弱點，就會更強烈地意識到它，而造成心理上的壓力，呈現出不自然的歪曲。

這種心理上的歪曲，又會間接以表情、語言、動作呈現出來。因此，我們只要從日常生活中，仔細觀察別人無意中呈現出來的言行，探討其動機，就可以發現隱藏他心中的弱點意識。

本書所要探討的，就是從人的表面行動識破其心理弱點的技巧。在做進一步探討之前，我們必須對人類因弱點意識所引起的心理糾葛，想隱藏內在弱點的心態，以及佛洛伊德所謂的防衛機制有概略的認識。

意圖隱藏弱點的心態透過言行呈現出來？

精神分析學的鼻祖佛洛伊德，將人類的心理分為有意識部份及無意識部份。簡單地說，在完全無意識的世界前部，存在著隨時可以憶起某些事情的潛意識世界。佛洛伊德認為，人類的行動表面上看起來是根據有意識的動機，但真正支配人類行動的卻是連本人都無法察覺的無意識動機。

那麼，無意識的世界是如何形成的呢？無意識的世界絕非一片黑暗、死寂的世界，而是一個鉅力萬鈞的能量在其中洶湧起伏的衝擊性世界。

人的心理是非常微妙的，往往隨著眼前情境的變遷，而產生許多欲求。這些欲求的內容包羅萬象，有的是正常而合理的，有些則難以見容於社會，例如渴望將憎恨的人殺死的那種攻擊性欲求，以及邪惡的性欲求等。這種不可能被社會接受的感情與欲求，不但在眾人之前要加以隱藏，即使對自己也要刻意加以掩飾，才不致於給自我帶來重大的心理壓力及威脅。

為了緩和此種威脅，心理學上稱為「壓抑」的無意識力量，就會發生作用，將此種「邪惡」的感情及欲求關閉在無意識的世界裡。

所以，無意識的世界是一個反社會性的感情，及欲望被壓抑而產生的力量，在其中奔騰洶湧的泥濘的世界。

弱點意識和自卑感也是如此。如果我們正面地意識自己的弱點及劣於他人之處，會給自我帶來巨大的痛苦及威脅，所以很自然地會把它封閉在無意識的世界中。

然而，一個人認為是自己弱點的問題，和所謂反社會性的欲求感情是不同的，而其自我防衛的機能，通常也不會完全發揮作用。換言之，心理防衛機制對於這些弱點並沒有進行全面性的壓抑，弱點意識還是在乘隙尋找浮出意識表層的機會。

在這種情況下，如果想對這些弱點作某種程度的有意識壓抑，就會產生壓力及緊張。這些壓力及緊張又會成為引起表情、言行不自然的「亂源」。

那麼，會給自我威脅的不愉快心理，反社會性的欲求及感情等，是如何轉變成不傷害自我的形態呢？下面我們就討論以無意識形態對弱點意識，反社會情感進行轉變的「防衛機制」。

本書所舉出的各種人類心理弱點，也都是受這種防衛機制所支配。

隱藏弱點的模式

人類隱藏自我弱點的方法，通常有二種。

其一是有意識或半意識性地面對弱點，其二是無意識地壓抑弱點。

當一個人意識到自己某方面的弱點時，第一個反應是把自己的視線從這個弱點移開。直視自己的弱點，會有莫大的不安及痛苦，所以我們會有意地加以遺忘，而將注意力轉移到其它方面。

例如，一個深為自己的性器過小而困擾、自卑的男性，他第一個採取的對策，便是極力避開有關性的話題。

當同事在談論性方面的事時，他可能會趁眾人不注意之際悄悄離開，不參加這場「討論會」。此外，他也不會購買刊載了有關性問題的雜誌。總而言之，這類型的人通常會主動遠離性的問題，把注意力移開。

不過，有些為性器小而感到自卑的男性，卻會採取極端相反的作風——例如，喜歡在眾人面前得意洋洋地大談自己的風流韻事，並且把調情的過程大加渲染，描述得入木三分。或者採取極端的暴露戰術，以半開玩笑的口吻說：「我的寶貝雖然只有小指般大小，但膨脹係數卻很可觀！」這種作法可以防止自己的弱點被識破，避免自我受到威脅。

又有些性器過小的男士會採取自我安慰的方式，在內心一再告訴自己：人類的性是一件很醜陋的事，性器官不夠發達正可以證明自己遠比他人高貴。

此外，有些人為了逃避意識自我弱點的痛苦煎熬，而耽於醇酒中，日夜醉生夢死。有的則浸淫在繪畫、音樂中，企圖拋開弱點意識。

有意識，或半意識面對弱點的方式，是因人而異的，而且，同一個人也往往會依據時間、對象而改變其處理方式。

但不管如何，想要識破對方的弱點，必須透過仔細而敏銳的觀察，發現隱藏在其言語、行動背後動機及癥結。

至於弱點較為嚴重——例如幼年時期曾受過近親暴行殘害，也就是佛洛伊德所謂「受過心理創傷」的人，通常會做更徹底的壓抑，而不讓自己的弱點露出蛛絲馬跡。

對於這種心理癥結複雜的人，當然無法一眼看穿他的心機，但只要對於人類心理的防衛機制及作用有概略的認識，要找出導致其自卑感的源頭倒也非難事。

事實上，不論如何努力地去壓抑，被壓抑的自卑感都不會消失於無形，反而會因為受到層層壓抑的緣故，不斷在等待、尋找意識化、表面化的機會，而在無意識世界的深處奔騰洶湧。

相信很多人都有這類的經驗，有時候我們隨口說出一兩句自認為無關緊要的話，不料卻使對方暴跳如雷，表現出極端過敏的反應。這種情形，可能是由於無意中碰觸到對方內心深處的自卑感防衛線的緣故。

又，有時候我們也會碰到對某些事物特別執著，而這種執著在別人眼中完全是無關緊要的人。例如，對自己的身份地位具有強烈自卑感的人，對於自己所坐的位子非常在意，如果別人不慎碰撞到它，這個人就好像心窩被踢了一脚，覺得自己受到輕視，憤憤然拂袖而去。

同樣地，自覺能力、地位等各方面遠不如上司的人，往往會模仿上司的語氣、動作，甚至連人生觀、價值觀、興趣等都如出一轍，這在心理學上稱為「導入」，也是佛洛伊德所說的防衛方式之一。

由於心理因素導致行為偏頗的具體情形，我們將在以下的章節中逐一加以說明。基本上，無意識世界所呈現的行為，很少有明顯的因果關係，也沒有任何邏輯可循，所以如果缺乏心理防衛機制方面的知識，往往很難識破隱藏在對方心靈深處的弱點。

本書便是根據這種防衛機制的作用，舉出識破人性弱點時必須瞭解的十二種心理狀態。只要能熟知這些心理狀態，就不難從呈現於表面的行動，探知對方心靈深處的種種糾葛。

透視弱點以增進瞭解

上面我們已經對人性弱點的本質，以及弱點對言語、行動的影響作過概略的說明。在此我要強調一點，識破他人弱點的目的，絕不是要乘隙攻擊他人，或掌握他人的弱點作為抬高自我的利器。

也許有人會問，識破他人弱點的用意既非惡意指摘對方的缺乏，或殘忍道出其自卑感的根源，那麼目的究竟為何呢？答案很簡單，就是加深對人的瞭解。

無論外表多麼堅強自滿的人，無可避免的都有其不欲人知，或不足為外人言道的一面，一半的他活在萬事順利的光芒裡，另一半的他則掩面在黑暗的陰影裡。在一般的泛泛之交面前，人只會露出光彩的表面，而將各種有形無形的缺憾藏在陰影裡。

如果我們能不為對方的外表或他的光彩所惑，將著眼點放在他陰暗的一面，以敏銳的洞察力與對方接觸，就不會畏懼對方，同時也不會過分輕視對方。

深入的瞭解對任何人都是很重要的。只要我們能深入瞭解一個人，洞悉他的思想與行為動機，就不難寬恕他、關愛他。

筆者一直深信，不管多麼討人厭，多麼狂妄自大，多麼嘮叨猥瑣的人，都是由於某些內在因素作祟，才會呈現出令人不喜的行為。從這個角度來說，世界上任何一個人都是可愛的，也都有其可取之處，我們無須輕視或畏懼對方。

當真正的自我與自我的外在形象大致吻合時，人就不會感到痛苦與不安。如果兩者相距十萬八千里，則此人無異時時刻刻如臨深淵，如履薄冰，苦惱與不安也就在所難免了。

想要消除這種裡外不一致所帶來的痛苦與不安，唯一的法門便是卸下假面具，彼此坦誠相見，率直地承認彼此的弱點，並給予最大的諒解，如此一來，溫馨而深厚的人際關係必是指日可待的。

目錄

第一章　酸葡萄心理

——從「辯白行動」透視對方弱點

【透視弱點法則1】企圖抑制自己的弱點意識，以掩人耳目者會採取巧妙的「辯白行動」。

心愛的女友琵琶別抱，將自己一腳踢開而對他人投懷送抱的男性，以不屑的語氣說：「哎喲！誰要是娶了她，鐵定倒楣一輩子！」；為情勢所逼而不得不與公婆同住的女性，對朋友吹噓：「和公婆同住好處多多，孩子不必送托兒所又不需請保姆，真是愉快又輕鬆」……這都是出自於利用巧妙的藉口，企圖減輕內在弱點意識的心理。和伊索寓言中飢腸轆轆的狐狸，對著摘不到的葡萄說：「反正這些葡萄很酸，我也不想吃」的故事一樣，在巧妙的藉口背後，都隱藏著心理弱點。

日本頭號支援投手如何處理自己的弱點意識

首先，筆者要舉二則軼事，來說明本章的討論主題——弱點心理。

第一則軼事是關於由阪神職業棒球隊跳到南海隊的投手江夏豐，從主投手轉任支援投手的小插曲。

當時，江夏豐雖然還是個名氣響噹噹的投手，但體力已經大不如前，球技也逐漸退步，無法像往常般投出讓對方打擊者措手不及的快速球，經常主投一場下來就累得喘噓噓，而且讓對方擊出許多安打。

眼看著江夏豐的球技每下愈況，南海隊教練野村克也就建議他：「江夏，你是否願意轉爲支援投手？我覺得這對你比較有利。」剛開始，江夏根本不考慮這種建議，但野村克也卻毫不放鬆，經常利用各種機會對他分析利害得失。到後來，江夏的心理逐漸動搖，並且感到無限的迷惘。

在江夏尚未擔任支援投手之前，支援投手是很受人輕視的，一般人都認爲優秀的投手理所當然要擔任主投手，只有球技不如人的二、三流投手，才會去頂支援投手的缺。因此，江夏一開始就對它產生了排斥心，再加上常年擔任主投手的關係，自尊心也不允許他轉爲支援投手。所以，在他面臨體力走下坡的窘境時，只覺得左右爲難，進退維谷。

有一次，野村克也教練的話，給江夏的心理帶來很大的衝擊。野村克也說：「主投手單獨支撐九局的棒球時代已經結束了，這是棒球制度的一大改革。江夏，你願不願率先去領導這次革命？」這短短的幾句話，促使江夏萌起了決定性的信念。

這種信念便是理直氣壯地告訴自己：「我並不是因爲無法擔任主投手，才轉任支援投手。主投手能否獨撐九局，和比賽勝負沒有任何關係。參加比賽就是要獲勝，如果屢戰屢敗，能投完九局又有什麼意義？由此可見，支援投手才是球賽中最重要的角色，比賽的勝負關鍵全在於支援投手，所以我必須擔任支援投手，除了我之外，沒有任何一個投手能擔此重任。」

於是，江夏就在這一瞬間斬斷了迷惑的根源。

在這個例子中，江夏豐的心理動態，提供我們一種對於識破人性弱點極有參考價值的模式。

人對於不想承認的弱點會加以正當化

另一則軼事是發生在小林茂擔任新力電器公司厚木廠廠長之時。有一次，該廠以自助方式營運的職員餐廳，發生收費額不足而引起財務赤字。

這個餐廳是採取完全自助化的方式來經營，員工所吃的食物，由自己計算價錢，自動支付餐費，連會計工作都是自助式的。

開始時，這種自助方式受到員工普遍的歡迎，推行得非常順利。後來，有些被動的員工就因為沒有人管理，逐漸興起了貪小便宜的念頭，不但吃的東西多給的錢少，甚至公然白吃白喝，終於造成了餐廳的赤字。

有一位管理者認為餐廳被揩油的情況已經到了非常嚴重的狀況，於是要求公司內部刊物的編輯，以「員工道德淪喪」的標題，報導餐廳收費額不足的問題。小林茂瞭解此一情形後，立刻提出建議：「公司必須信任員工，如果眞的要報導，也只要客觀地報導事實，不要隨意謾罵指責，讓員工自動自發地去反省。」

由於小林茂的堅持，這份刊物只刊載了會計報告，其它的隻字未提。出人意料的是，刊物出刊的第二天，廠內自助餐廳收費不足的情形居然得到大幅度的改善。

如果小林茂沒有加以阻止，任公司刋物隨意刋載「員工道德淪喪」的攻擊性言論，員工的反應又會如何呢？

可以想見的是，原本就抱著貪小便宜的心理在餐廳裏吃多報少，或乾脆白吃白喝而毫無罪惡感的員工，看到這篇指責性的文章，心裏一定暗自反駁：「反正每個人都是這樣，我只是隨俗罷了，有什麼關係？」、「我又不是不付錢，我只是想累積起來，以後一起算罷了！」甚至惱羞成怒而變本加厲，或在言辭上極力爲自己辯解：「我們不付錢是因爲伙食太差了，公司讓員工吃這種東西，自己不感到難爲情，還好意思指責我們！」……將自己的過失推卸給別人，企圖加以正當化。

從這個例子裏，我們也能揣測出一般人處理心理弱點的方法。

當人類不願承認心中的某種弱點時，就會千方百計尋找藉口，作自我辯白。在心理學上，這種「藉口」、「辯白」、「正當化」都稱爲「合理化」（rationalization）。換言之，一個人如果承認某種行動的眞正動機，就會暴露出自己的弱點及自卑感的根源，使不安及欲求的不滿更形加深，所以必須尋找各種藉口，爲自己辯白，以掩飾眞正的行爲動機。

從「酸葡萄心理」透視對方弱點

以巧妙的藉口掩飾內在弱點的最典型例子，便是伊索寓言中頗有名的「狐狸與葡萄」的故事。

有一天，餓著肚子的狐狸走過垂掛著串串葡萄的葡萄樹下，那些葡萄一顆顆結實飽滿，看起來新鮮欲滴，使狐狸更加飢餓起來，於是牠便伸手去摘，但不管牠怎麼努力，都摘不到葡萄，狐狸只好自我解嘲地說：「那些葡萄一定很酸，我根本不想吃！」悻悻然地離開。

當然，不論狐狸怎麼咒罵，原本甜美的葡萄也不可能變成酸葡萄。但是，如果一直將摘不到葡萄的現實問題積壓在心中，內心的挫折感與壓力一定會增強，因而產生嚴重的欲求不滿。所以，狐狸以「葡萄太酸」爲理由來自我紓解，可以減輕內在的挫敗感，也是自我防衛心理發揮作用的一個例子。

由此可見，利用「合理化」的邏輯，就能巧妙地處理自我內在的問題。反過來說，如果我們能以這種「合理化行動」、「辯白行動」爲著眼點，就不難識破隱藏在對方心中的弱點意識了。以棒球投手江夏的情形來說，毫無疑問地，野村克也的一番勸說，消除了他對主投手這個職位的執著，同時也使他有台階可下。

就江夏當時的心境而言，在他心靈深處最需要的，正是能讓他從對主投手的執著中解放出來的藉口，而野村克也可能從漫長的棒球教練生涯，學會了探知投手的微妙心理，因此才能適時地給江夏提供最好的藉口。由於他對投手心理的瞭解，江夏豐才能重振雄風，將「合理化」行動運用到好的一面。

摘不到的葡萄一定是酸的——這便是典型的合理化心理。

又，在前述自助餐廳赤字事件中，我們曾經提過，如果主管在公司刋物中指責員工，可能會引起員工的抗議。而這些抗議和狐狸倖倖然離開葡萄架時所說的不服輸的話一樣，都是出自於合理化的心理，純粹是一種藉口。

所謂「欲加之罪，何患無辭」，一個人只要存有合理化的心理，就可以找出一大籮筐的藉口來為自己辯解。所以，員工一但群起抗議，有時候會引發平日積壓在內心的不滿，演變成不可收拾的局面。即使事態沒有這麼嚴重，也會在勞資雙方之間留下很深的裂痕，種下日後爭執不休的遠因。

相反的，只提出客觀的會計報告，將事實呈現在衆人眼前，就可以抑止合理化的心理，使每個人都能以冷靜的態度思考，反省自己的作為。因為他們並沒有遭到個人性的攻擊，當然沒有必要尋找對自己有利的藉口，可以很坦率地改變以往的態度。小林所採取的方式，可說是深入洞察員工心理後，所採取的最佳方式。

前述的二個例子，都是人在面對問題時，以合理化方式處理內在弱點的典型例子。聰明的你可以利用這種心理，巧妙地識破人性的弱點。

企圖掩飾不滿的「甜檸檬理論」

只要仔細觀察，你一定會發現「合理化」心理導致的行動，在日常生活中屢見不鮮。因為我們會對日常生活中出現的各種人物，以及生活周遭的事物、狀況給予評價，而這種評價方法，就是支持合理化心理的基礎。

例如，一位男士和心愛的女友分手了，旁人問起其中的原委，他便以毫不在乎的口吻說：「那個女人很輕佻，我很討厭她！」、「每次約會，她最少也要遲到三十分鐘，我可沒那個耐性等她！」並且舉出一大堆微不足道的事，加油添醋一番：「哎呀！她的胸部太平坦了，活像飛機場，一點也不性感！」，「她年紀不大卻長了一大堆黑斑，難看死了！」最後還下一個結論：「任何人和那個女人在一起，以後都會痛苦一輩子……」。

就算這位男士所說的和事實相距不遠，也可以明顯地看出其中有「合理化」的成份。深諳人性弱點的人，多半會懷疑這番話的眞實性，而猜測他是被伊人拋棄，不是因為他討厭女友而主動離開。

與「酸葡萄心理」成爲對比的合理化理論，就是人們常說的「甜檸檬理論」。

例如，被降職派任到外地工作的人，不斷地給同事寫信，信中全都是稱讚當地的風俗民情，強調工作輕鬆愉快的言辭；感情遭遇挫折，不得不退而求其次找一個不甚喜歡的女子結婚的男性，卻得意洋洋地對朋友吹噓：「要娶老婆，眼睛不要只看漂亮的女孩子，外表一點也不重要，還是能照顧家庭的人最好……」諸如此類的情形，都是「甜檸檬心理」作祟。

此外，丈夫收入微薄，不得不和公婆同住的女性，以毫不以爲意的態度對朋友說：「不管怎麼樣，和公婆同住好處還是比較多，最起碼孩子有人照顧，我的精神就輕鬆多了。」這也是典型的甜檸檬心理。

上述的例子，當事人在面對與心裏的期待相差千萬里的現實時，都是以合理化的方式來減輕內心的壓力。俗語說「如人飲水，冷暖自知」，檸檬當然是酸的，但如果你硬要說它是甜的，它的甜度確實會提高——至少心理上是如此。所以，對於不甚滿意的情境，如果能本著「甜檸檬」的心理，給予好的評價，即可防範心中可能產生的矛盾不安於未然。

「學歷無用論」者真的不把學歷當成一回事嗎

前面所述的酸葡萄心理和甜檸檬心理，都是作爲合理化藉口的二種典型模式。只要瞭解這兩種理論，就可以識破日常生活中遇見的合理化行動，透視隱藏在對方行動背後的心理動機。

人們的言行經常受到酸葡萄心理的影響。例如，沒有趕上交通車的男性，安慰自己說：「走路有益健康，我喜歡走路」；以委託行的價格買到地攤貨色的女性，一再強調：「我不喜歡便宜貨！」；連續投考大學好幾次卻年年落榜的考生，以滿臉卑夷的神色批評：「進了大學，都會染上一大堆奇怪的想法，做事偏激……」，無意中遺失男友所送的心愛手錶的女性，毫不在乎地說：「反正那隻錶也很舊了，早就該換了，我不會放在心上的。」

諸如此類的行爲，都是在爲自己找藉口。對於當事人來說，這些藉口可以使自己較爲坦然，較爲心安理得，對於保持心理的平衡是絕對必要的。

站在透視對方弱點的立場來看「合理化」時，只要從相反的角度來推衍即可。例如，經常口口聲聲地說：「我不願意和一些言語無味的無聊人交往」的人，他的弱點可能就是知己朋友太少。至於極端的學歷無用論者，很可能對自己的低學歷耿耿於懷，而故意在人前強調學歷的無用。

抱著「甜檸檬心理」的人，雖然迫於情勢，心不甘情不願地進入某一所大學，卻會千方百計地找出它的優點，大加渲染：「那所大學雖然不是明星學校，但環境非常寧靜，很適合讀書。」或者故意說：「那所大學美女很多，我可以享受四年多采多姿的大學生活。」

此外，經常以淡泊名利的口吻說：「甘於清貧生活的人，性靈不會被物慾所蒙蔽，可以擁有比他人更豐富的人生」的人，往往很在意自己的收入遠不及他人，而將此視爲自己最大的弱點。

缺乏堅強的意志力，缺乏獨當一面的能力，並爲此深感苦惱的人，極力主張「凡事以衆人的意見爲優先，是民主主義的基本理念，我們應切實遵守。」這些都是根據甜檸檬心理，將自己的弱點加以合理化的模式。

喜歡批判他人，滿口仁義道德的人內心隱藏著欲求不滿

企業界人士在工作場所中也可以透過合理化行動，透視對方內心的弱點。

在任何一家公司裏——不管它的規模如何，幾乎毫無例外地都存在著一些愛批評，喜歡講道理的人。這種人總有一肚子的怨言，動不動就批評公司、主管或同事：「這樣的公司，這樣的人事制度，簡直埋沒我的才能，我在這裏根本沒有發揮的餘地。」或「我們課長心胸太狹窄，缺乏培養人才的誠意。」

諸如此類的怨言，對這種人而言純粹是一種情緒的發洩，只是藉口。更進一步來說，這種人抱怨的目的，只是爲了消除內心的欲求不滿，他們可以抓住任何一個小問題，大作文章。

所以，如果有不知情的人出面反駁，甚至更深一層碰觸到他們不欲人知的弱點，很可能會受到預想不到的攻擊，遭到池魚之殃。

基於這一點，在傾聽這種喜歡批評者的話時，應該設法瞭解他們眞正的欲求，以及他們不滿的根源。

喜歡批評他人的人，會嚴厲地指摘上司的錯處，在他背後說壞話，這是因爲自己雖然渴望得到上司的地位，卻礙於種種因素而難以達成願望之故。

只要我們對於合理化的心理有徹底瞭解，就可以以第三者的眼光，冷靜分析，透視對方的弱點。

人是討厭工作才無法勝任，亦或無法勝任才產生討厭心理

瑞典一位心理學者，曾經就呈現於外在的不滿，與隱藏於內心的眞正意識作過一項有趣的調查。他以某企業二百名女性員工爲對象，進行面對面調查。

根據調查的結果，他發現，愈是對薪水不滿的員工，對於所擔任的工作愈是厭煩。

這些女性從業員雖然強調「因爲薪水太低，所以無法對工作產生興趣，缺乏工作熱情」，但經過仔細分析，她們都是先有討厭工作的意識，然後才以薪資過低爲藉口，掩飾這種意識所引起的欲求不滿，想以此消除內心隱藏的不滿。

你的身邊是否也有將自己的能力與工作態度撇在一旁，一味抱怨報酬太低的人呢？

這種喜歡抱怨的人，可能和前述的女從業員具有同樣的心理。如果以「合理化」的理論來說，這些喜歡動輒埋怨的人，內在最大的缺點在於自己的能力不足，無法勝任工作，或因爲對工作缺乏熱情，無法全心投注於工作所產生的自卑感。

愈討厭工作的員工愈認爲「薪資太低，不值得留戀」

因此，一個人經常發表對工作的不滿，或有關工作方面的謬論，無異於將自己的弱點呈現在衆人眼前，爲那些有意透視其弱點的人，提供最恰當的資料。

例如，經常強調「在外面接洽業務並不是最重要的，在公司裏默默地擔任一些微不足道的工作的人，才是支撐公司的幕後英雄」的人，他的弱點在於一直負責無足輕重的工作所引起的自卑感。

不斷埋怨顧客的喜好難以捉摸，或顧客的脾氣壞，品味低而難以伺候的推銷員，他的弱點可能在於自己的推銷能力太弱，無法順利達成交易。

此外，嚴厲指責部屬在報告書上的些微錯處，而對部屬喋喋不休地說教的上司，他的弱點通常在於自己的辦事效率低，無法迅速處理工作。

由上述的例子可以瞭解，只要我們以「合理化心理」爲著眼點，仔細加以分析，便能輕易透視對方的弱點。

【從辯白行動透視對方弱點實例集】

1. 試圖掩飾被降職窘境的人 ⬇不斷吹噓新工作環境的優點。
2. 對自己相親結婚的結果不甚滿意，而耿耿於懷的人 ⬇過分誇大地強調相親結婚的優點，並且建議別人如法泡製。
3. 內心雖不樂意，卻不得不和公婆同住的人 ⬇不斷強調撫養幼兒及生活上的方便之處。
4. 因爲知己朋友太少而感到不安的人 ⬇強調與無聊的人交往浪費時間。
5. 爲學歷低而感到自卑的人 ⬇過度強調實力主義，高倡學歷無用論。
6. 因收入低而深感自卑的人 ⬇主張清貧的生活可以豐富人的性靈。
7. 因爲無法出人頭地而沮喪的人 ⬇埋怨上司無能，缺乏知人之明，批評公司制度不健全。
8. 無法進入夢寐以求的大學， ⬇一再強調那所大學的缺點，「如果進那所大學，思想會變得而難以釋懷的人——很偏激」。

第二章 藏頭露尾的心理

——從「逃避行動」透視對方弱點

當人具有不喜歡爲人所知，不願被攻擊的弱點時，就會極力迴避與此一弱點有關的事物，逃入與其無關的世界中。

【透視弱點法則2】

一個興趣廣泛，對任何事物都會予以關心的人，如果提及工作方面的問題，就突然變得沈默寡言，或下班回到家馬上拋開一切，浸淫在自己感興趣的事物中，可能是在工作上遇到困境，產生弱點意識，卻不想讓他人察覺這種弱點，而想逃離與弱點有關的世界。然而，不論他如何逃避，終究會像將頭埋進沙中的駝鳥一樣藏頭露尾。因為逃避行動本身便是弱點意識的最佳代言人。這種人如果被執拗地追究他所逃避的問題，往往會脆弱地露出他的缺點。

『面具的告白』——往妄想中逃避

『面具的告白』是名作家三島由紀夫的代表作之一。這本書是描述一位陷入性倒錯的男子，從幼年到青年的心路歷程，是一部半自傳性的作品，不僅在藝術方面獲得很高的評價，從心理學的眼光來看，也非常引人入勝。因爲故事中的主人翁對事物的看法，深刻地呈現出人類想掩飾自己弱點時的心理。

一再強調「工作是工作」的人必然在工作方面不甚得志。

『面具的告白』的主角「我」，從小就沈迷於「夭折」的想法，幻想自己虛弱的肉體，有一天也會轟轟烈烈地夭折，像年輕的殉教徒聖賽凡提爲了一己的信念，不惜犧牲自己年輕而燦爛的生命，而受到世人的崇敬，成爲各種美術，文學作品的題材。

雖然「我」一直沈醉在年輕夭折而被人稱頌的夢想中，但是，在大戰期間卻從未負傷，於是「我」的夢想與願望在現實生活中粉碎了，只留下無盡的不幸意識與孤獨感。

這個作品中的主角，爲什麼會陶醉於此種妄想中呢？原因是他企圖藉著陶醉於「夭折」可能帶來的榮耀中，以忘卻對自己衰弱肉體的自卑感。

換言之，他對自己的肉體具有強烈的自卑感，一旦這種自卑感被人透視，對他是一種很大的威脅。

事實上，每個人都和這位主角一樣，如果有不欲人知，或自覺遭人透視會帶來羞恥的不幸、不滿時，就會全心投入於某種事物，企圖藉此忘卻、隱瞞。

這種消極的自我防衞反應，在心理學上稱之爲「逃避」（escape）。如果從透視人類弱點的角度來看，對某件事物異常熱衷而渾然忘我的人，大部份都是想藉著逃避行動，掩飾自己的弱點。

人往往會逃避痛苦的現實，不承認內心的欲求不滿，爲了隱瞞，忽視這種弱點意識，而逃入被關閉的世界。可是，這種逃避行爲，反而更明顯地呈現出一個人的「實像」，所謂藏頭露尾也就是這個意思。

由於存在於內心的自卑感而引起的逃避行動，可根據當事人寄託情感，傾注心力的對象而分爲幾種模式。從這些模式之中，即可探知對方不欲人知的弱點。

如前述陶醉於不可能發生的妄想中的「往空想逃避」，以及被形容爲「工作中毒」，「工作狂」整個人投注眼前的事物，企圖忘卻自我的「往現實逃避」，彷彿遭魅惑般將全副心思投注在特定動作的「往動作逃避」，以裝病來廻避現象的「往疾病逃避」，以沈默或冷漠的態度來斬斷自我與現實之關連的「往拒絕否定逃避」等，都是常見的模式。下面我們將依序對這些模式提出說明，討論以逃避行動透視人性弱點的方法。

不斷強調「工作是工作」的人是企圖「往空想逃避」

首先我們要討論的是「往空想逃避」。在『面具的告白』中我們可以看到，人類處於空想中時，就能從現實生活中的失意及苦惱獲得解放，平時幾乎不可能實現的願望，也能藉著空想得到滿足。所以，「往空想逃避」是保持內心平衡最簡單也最有效的手段，在日常生活中，每個人都會無意識地加以利用。

例如，在上下班的顚峯時間搭乘火車，在擁擠吵雜的車廂中以一副氣定神閒，毫不以擁擠爲苦，而將全副心思放在手上的間諜小說或科幻小說的人，很可能就是暫時往空想的世界逃避，將自己視爲書中的主人翁，來防止擠車這種不愉快的事實所引起的壓力反應。

一個人在遠離現實的空想世界中，往往擁有超凡的能力，擁有令人羡慕的成功與幸福，相較之下，他的實際生活簡直乏善可陳，兩者有天壤之別。因此，如果他只是暫時性的逃避，從中求得心靈的平靜，當然不致於產生問題，如果「往空想逃避」變成生活中的一部份，就會不知不覺地對現實失去關心，陷入猶豫、狐疑的情緒中，連現實生活都無法適應。

這種「往空想逃避」的心理，還會衍生出一種「將現實擱在一邊」的行動。例如，有些人一踏出公司就絕口不提有關工作的事，有些人絕不把工作上的苦惱與棘手問題帶回家裏，也有人絕不肯與三五好友小酌一番，甚至獨飮來發洩心中的不滿與苦楚，這些人往往表示：「現實就是現實，說穿了就是這麼一回事！」表面上好像很豁達，很看得開，實際上他們時常會將自己無法獲得滿足的欲求，無意識地投射到根本不存在的事物或未來，以保持內心的平衡。

對工作不感興趣，無法受上司賞識而有懷才不遇之感，或自認爲沒有出人頭地的機會……諸如此類的不滿多少會存於每個人的心裏。但是，有些人卻覺得內心的不滿如果被人窺知，會影響自己的形象，甚至損及自己的威嚴，於是這類型的人便抱持著一種消極的心態，認爲目前的工作與生活只是暫時的權宜之計，自己「眞正」的生活在另一個地方，同時也容易對退休後的生活抱著過大的自我期望。

這種人雖然對現實生活抱有極大的欲求，卻由於欲求無法獲得滿足，而偏頗地認爲現實對自己只是一種「臨時的狀態」，甚至是「虛構的世界」。

換言之，他們是在無法獲致滿足的現實與自我之間，設置一個圍柵，告訴自己「現實是現實」、「工作是工作」，所以，他們外表上似乎是個泰然自處，任何事情都不會放在心上的達觀者，但事實上，這類型的人無意識中存有一種逃避心理，拼命想掩飾在現實世界中產生的濃厚自卑感。

瞭解這一點之後，如果我們碰到過度強調「工作是工作」的人，或嚴格將工作與私生活分開，一絲不苟的人，就可以認定他的弱點在此。在他們不得不如此達觀的背後，必定隱藏著在公司的地位低落，或與上司、同事間的人際關係惡劣的苦衷。

不斷提出與主題無關的論調是缺乏自信的表現

與「往空想逃避」相反的，是「往現實逃避」。具有這種心態的人，往往企圖在現實世界，消除現實生活所帶來的苦惱及自卑感。比起「往空想逃避」，這種心態乍看之下似乎更令人難解。

也許有人會懷疑，人眞的能在現實世界中找到解除現實引起苦惱的方法嗎？然而，在我們的周遭卻到處都有這種例子。

例如，因爲家庭問題而感到苦惱、自卑的人，會變成十足的工作狂，生活的重心除了工作還是工作，其它的事一律置之度外。相反地，在工作方面不得意的人，會熱衷於一些瑣碎的家事，這都是「往現實逃避」的典型例子。下面我們不妨提出幾個例子做詳細的說明。

大部份的管理者都有一個共同的經驗：當你要求部屬對某種商品的企劃案提出報告時，有些部屬既沒有新的創意，又不能交白卷，於是只好硬著頭皮撇開本題，而就其它相關的問題提出意見。

在大學聯考或研究所招生考試中，也一定有一、二個考生採取這種逃避性的答題方式，使閱卷者感到啼笑皆非。例如，試題明明寫著「請詳述異常心理學上的防衛機制與藝術作品的關係」，有些考生的答案卻是「關於這個問題，我沒有作過深入的研究，所以我想討論本人最拿手的『

『防衛問題與藝壇記事』」。

提出這種報告的部屬或考生，並非企圖「滿足上司的期望」，或「希望獲得較好的分數」，而是盡其所能地把報告書或答案卷塡滿，以獲得自己已經全力以赴的自我滿足感。

換言之，這種人是極力避免去面對困難的狀況，將意識集中到與主題無關的方面，企圖無意識地減輕自己對當前問題無法交待的不安，這便是此種行動被稱爲「往現實逃避」的理由。

前不久，報紙上報導了一則頗有趣的新聞，很多議員在質詢時要求某位官員就當前的經濟問題提出他的看法，這位官員無法立即回答這個尖銳的問題，情急之下居然乾脆撇開主題，大談愛國心。這也是「往現實逃避」的一種作法。

又，在升學考試中名落孫山的學生熱衷於運動，或在感情方面受到打擊的職業婦女，拼命惡補英文會話，都是爲了逃避現實生活中的痛苦與悲傷。

「往現實逃避」心理的特徵，就在於對事物「熱衷」這一點。他們會如癡如狂般地熱衷於某一件事，完全看不出有「半途而廢」的傾向，同時也不像僅僅是爲了興趣而努力。

熱心工作者內心隱藏的自卑感

如果從社會評價的眼光來看，往現實逃避的結果往往是向好的方面發展，所以有時候很難察覺這是一種逃避行動。下面所陳述的就是最典型的例子，這也是「往現實逃避」的一種模式。

工作中毒者企圖以埋首工作來逃避煩人的家庭問題。

從外國人的眼光來看，國人有工作過量的傾向，而比這種情形更嚴重的便是只知一味工作的「工作中毒」——也就是工作狂。

工作中毒的人心裏只有二個字——「工作」，他們連星期假日都不休息，全心投注於某一件工作，從不放鬆自己。每天早上，他們是第一個踏入辦公室的人，到了下午，所有的同事都下班了，他還在埋頭苦幹。當他坐在辦公桌前或訪問顧客時，永遠生氣蓬勃，但工作一中斷，立刻像手中沒有酒的酒精中毒患者一般，無精打采，前後判若兩人。

工作中毒者常被周遭人們認爲是熱愛工作，以工作爲生活重心的人，其實他們內心常隱藏著某種強烈的自卑感，而這種自卑感又會給他們帶來濃厚的不安，內心沒有踏實感。

從結論來說，工作中毒者大部份都有嚴重的

家庭問題，爲了逃避家庭問題所導致的欲求不滿，而近乎異常程度地投入於工作，免得注意力轉向家庭，而陷於無限的痛苦中。

例如，有些人由於夫妻性生活的不和諧導致兩人同床異夢；有些做丈夫的夾在母親與妻子間，猶如生活在隨時可能爆炸的火山口；有的則是因爲養了不肖子，經常得爲子女的不良行爲到處向人低聲下氣賠不是……這些問題往往是使人寧願埋頭於工作而不願回家的最大理由。

事實上，內心存在著想要忘卻的問題，或不願面對的不安，而企圖以投入工作來減輕壓力的「往現實逃避」的心理持續性呈現，進而成爲一種生活型態，這便是工作中毒者的最佳寫照。

相對的，極端的吾愛吾家主義者，或異常熱衷於某種興趣的人，通常也具有和工作中毒者同樣的逃避心理，他們都懷有濃厚的自卑感及不欲人知的弱點，這一點是全然相同的。

一般而言，導致吾愛吾家主義者自卑的原因，和工作中毒者恰好相反。極端的吾愛吾家主義者的自卑感，來自於工作與公司中的人際關係。

工作上遭到挫折，無法發揮自己的能力，與上司不合或升遷無望等因素所招致的欲求不滿愈大，對家庭的關心也愈深切，這點從「往現實逃避」的心理也可以瞭解。

在工作方面表現平平，但對自己感興趣的事物卻相當有研究，並且表現不凡的人，通常都對家庭或工作感到不滿與自卑。這種人在論及感興趣的事物時，可以說的頭頭是道，辯才無礙，然而一旦話題轉到工作或家庭，立刻顯得沈默而木訥。這是因爲他們對家庭及工作感到不滿，原本應該投注在這方面的熱情與精力無處發洩，爲了塡補內心的空虛，只好將全副心思投注到自己的興趣上。

所以，如果你的身邊有工作中毒者或極端的吾愛吾家主義者，千萬不要爲他外表的假象所惑，應該注意他相反的一面。工作中毒者的弱點，十之八九在於家庭，而極端的吾愛吾家主義者的弱點，泰半在於工作及公司。

如果你的朋友突然熱衷於高爾夫球或釣魚，對其他的事一概不聞不問，那麼，你便可以確定他是爲了工作或家庭方面的問題，心理上受到嚴重的打擊。

神經質動作所呈現的「往動作逃避」心理

接下來要討論的是「往動作逃避」。這種逃避行動通常是無意識呈現，本人並未察覺，有時候也會成爲反射性的肉體運動而呈現。有些人遇到某些難題時，會像動物園中的老虎般不斷踱來踱去，或者做出搖晃身體或手腳等神經質的動作，這便是出自於「往動作逃避」的心理。而這種不安定的動作，很顯然可以幫助當事者減輕內心的緊張與不安。

巨人棒球隊的監督川上哲治曾經因爲習慣於在比賽中神經質地擺動身體，而成爲人們茶餘飯後的談笑對象，據說他在球賽進入高潮時，身體的搖動也愈趨激烈。不僅是川上哲治，很多棒球選手在內心緊張，情緒激昂時都會到處踱方步，或不經意地揮動手腳。

某位棒球評論家也曾對我提及有關促使三壘跑者奔回本壘的強迫戰術。在三壘附近的教練要向打擊者發出暗號時，最令人猶豫不決的便是這種強迫戰術暗號。如果此一戰術運用得當，可以輕易地奪得一分，但萬一失敗，三壘跑者也隨之前功盡棄。所以，這種戰略雖然很有效，但危險性也很高，可說是一把雙刄劍。尤其是雙方勢均力敵，比賽處於膠著狀態時，強迫戰術的成功與否，足以左右勝負。

基於此種緣故，接到須採用強迫戰術暗號的打擊者，通常會陷入非常緊張的狀態。當然，打擊者如果無法克制自己情緒的波動，而使緊張感呈現於動作上，他的企圖就會被對方的投手及所有守備球員透視。因此，這位打擊者就會有意識地做例行的揮棒練習。

不過，比較缺乏經驗的球員，還是會把內心的動搖與緊張，呈現在手脚的動作，以及進入打擊位置後的動作。

一般的棒球選手都有一個共同的體認：「只要能對強迫戰略的暗號處之泰然，就可以稱得上成功的球員」，由此可見，要抑制「往動作逃避」心理所引起的無意識、缺乏安定感的動作是多麼困難。

但從另一個角度來看，在你要透視對方的弱點時，這種無意識動作卻提供了最正確的線索。如果對方突然顯得不安，做出神經質的動作，就可以斷定這種態度的背後必定隱藏著某種弱點。

從「往動作、行動逃避」心理透視對方的不軌行為

有一次，筆者偶然觀賞了一場電視座談會，聽到其中一位出席者表示：「男人在外頭拈花惹草，回家後通常會對太太說一些不必要的話。」我覺得這眞是一針見血的說法。

在外尋花問柳的丈夫，回家後看到辛勤操勞的妻子，總會感到不安，爲了逃避隱藏在內心的「是否會被察覺」的恐懼感，不知不覺中就會做出一些不必要的舉動。

此外，做丈夫的由於心虛，無法從容冷靜地思考自己的作爲或當前的情況，往往會說些沒頭沒腦，令人莫名其妙的話。所以，觀察力較敏銳的妻子，很快便會發現「他今天有點奇怪」，這就是典型的「藏頭露尾」，拼命想隱瞞，不料卻得到欲蓋彌彰的結果。

在工作場所也是如此。平常沈默寡言的人，突然變得異常多言，喜歡強辯，或恰似前美國總統尼克森由於水門事件而受到嚴厲譴責時，不斷撫摸臉頰及下巴，就可以確定此人一定有了不欲人知的弱點。

又，原本對穿著不太講究的人，如果突然變得非常注重服飾及打扮，可以證明此人具有某種難以滿足的欲求。

這種舉動是企圖逃離單調的工作，或試圖享受多采多姿生活的願望的呈現。

逃避的願望增強有形成疾病之虞

這種變化具有當事人在完全不自覺的情況下，無意識呈現的特徵，嚴重時還會以「往疾病逃避」的型態呈現，也就是所謂的「心因性疾病」。雖然它並不是假性疾病，但也非生理不適所引起的疾病，病因在於心理，可說是一種半假病。

例如，手部無緣無故發抖，抖得連寫字都感到困難的「書痙」，毫無徵兆而突然失去聲音的「失聲」。此外，視覺突然喪失的「歇斯底里盲」，聽覺無故喪失的「歇斯底里聾」，男性突然無法進行正常性行爲的「陽痿」，以及無法獲得性快感的「冷感症」等，都是屬於半假病。尤其是既無舊疾，又無外傷。莫名其妙就呈現上述症狀的，十之八九都是由於「往疾病逃避」的心理所引起。

然而，「往疾病逃避」的症狀多半是在無意識階段呈現，所以當事人會認爲自己患了病，而變成一個眞正的病人。由於這種緣故，旁觀者也很難判斷對方是否因「往疾病逃避」的心理而患病，想要窺知對方的弱點當然也就格外不容易了。

工作場所常見的「無表情患者」心理透析

關於逃避心理，最後要討論的是「往反抗癖性（negativism）逃避」。

內心的弱點或愧疚感，會透過不安定的動作呈現出來。

當人處於極不容易適應的情況時，會放棄適應行動，而採取拒絕、反抗及排斥的態度。這時候，很可能同時出現逃避傾向及攻擊傾向。

排拒反應，在人類的成長過程中，會在所謂的反抗期及青春期明顯的呈現。然而，也有不少人在成長之後，仍然隨時會作出這種排拒反應，因此這種人常被形容爲處於「萬年反抗期」。

例如，看到某個地方豎有「禁止進入」的告示牌，就非進去不可；明明看到牆上貼有「請勿塗鴉」的紙條，偏偏在牆上亂塗亂畫，並且以此爲樂的人，都是典型的反抗性強烈的人。

對這種人而言，愈是受禁止的行爲，愈能激發他的好奇心，使他蠢蠢欲動。有些富家太太，分明家財萬貫，一到百貨公司或市場，看到實際上不需要，也不想要的商品，卻仍然情不自禁地順手牽羊，這種行爲也可以從排拒心理來探討。

排拒、反抗反應不僅呈現在積極的行動上，什麼事都不關心，不參與的消極態度，也是排拒反應的一種。尤其是所謂的「無表情症狀」，更是典型的例子。

在政府機關或組織龐大的企業裏，經常可以看到許多臉上完全沒有表情的人物。這種人尤其以一方面必須管理部屬，一方面又必須站在工作第一線的中級管理者為最多。

大型企業的中級主管，隨時面臨著沈重的心理壓力，他們往往整天忙著應付一些令他們怒火中燒，憎惡厭煩的狀況。但是，他們雖然心中萬分憤怒，卻不能輕易呈現出來，因此就會無意識地，產生抑制這種情緒呈現於外表的心理。

而這種心理，也連帶地壓抑了與憤怒憎惡無關的喜悅、哀戚等表情。此種抹煞所有感情的心理，一旦昇高到頂點的時候，還會使人擁有一副對外界變化完全無動於衷的「死人臉孔」。

「死人臉孔」雖然是表示漠不關心，毫無感動的排拒姿勢的直接性表現，其實是對組織，上司壓力的一種反抗。有時候，反抗心較強的年輕職員會故意對上司擺出一張無表情的臉孔，就是這個緣故。

然而，如果換一個角度來看，「無表情」比任何一種表情更能表露當事人的心聲。從乍看之下似乎很平靜而又冷酷的這種「無表情」裏，要透視對方的心理弱點，並非不可能。

不過，如果有人對你擺出一張「死人臉孔」，恐怕你就要多加反省注意了，因為你已經得罪了對方，成為他排拒的直接對象了。

遇到這種尷尬的情況，如果你想發掘對方的弱點，最好不要「以其人之道還置其人」，或者說出足以刺激對方感情的話，免得收到反效果。最好當場不置一語，另外找機會不露痕跡地打開心胸，彼此坦誠相向較妥當。

【從逃避行動透視對方弱點實例集】

1. 為地位、待遇低及工作問題苦惱的人
   ⬇ 對其它問題都能高談濶論，唯獨一談到工作，就突然沈默寡言，或以過份豁達的態度表示「工作是工作」，極力避開有關工作的話題。
2. 與上司、同事間的人際關係欠佳者
   ⬇ 異常關心家庭，標榜「吾愛吾家主義」，對公司的人際關係佯裝漠不關心。
3. 家庭生活不和諧，並且對此耿耿於懷者
   ⬇ 雖然工作並不忙碌，卻一大早就上班，加班到很晚才返家，儘量避免去面對家庭問題。
4. 家庭問題重重，工作遭遇挫折的人
   ⬇ 熱衷於自己的興趣，渾然忘我，或熱心結交同事以外的朋友，企圖藉此逃避惱人的問題。
5. 急於閃避對方問題的人
   ⬇ 一味談論與本題無關的事，或故意大聲談笑，避免碰觸到問題的核心。

6.深怕被妻子抓住小辮子，造成家庭糾紛的丈夫

➡突然變得格外溫柔，或者很饒舌，一回家便喋喋不休，想利用這種顯目的舉動，轉移妻子的注意力。

7.具有容易受別人影響、左右之弱點的人

➡不但聽到對自己不利的事時面無表情，即使聽到對自己有利的事也佯裝漠不關心，企圖排除他人的影響力。

第三章　憎其人而惡其物

——從「替換行動」透視對方弱點

【透視弱點法則3】人一旦具有欲求不滿，自卑感等弱點時，就會設法將欲求對象替換爲其它事物。

有些人提到他人時，會先肯定他的優點，再批評他周遭的事物——「我們課長的為人實在沒話說，可惜他對服飾的品味卻很低……」。對這種人而言，恭維他人只是一種偽裝手段，主要目的還是在非難對方。原因是他雖然不喜歡對方，却不能直接形諸於外，於是自然而然產生了「替換心理」。對某人心存不滿，卻又無法採取直接性的攻擊，只好轉而批評他的穿著，這便是「替換心理」作祟。如果聽者表示：「我會將你的忠告轉達給課長……」就會使他終日惶惶，深覺無地自容。

拿破崙、豐臣秀吉自卑意識的呈現方式

曾經在歷史上叱咤一時，領五百年風騷的人物之中，內心存有與外表威武不屈的形象，截然不同的自卑意識、弱點、欲求不滿等的例子屢見不鮮。

以貧農子弟身份贏得天下霸權的豐臣秀吉，可說是最具代表性的例子。雖然他一直平步青雲，扶搖直上，但從他所留下的許多軼聞之中，卻不難看出端倪。

從許多描寫豐臣秀吉的書籍裏，我們會得到這麼一個印象——豐臣秀吉是個樂天知命，具有

濃厚幽默感的人。在面臨生死存亡的重要關頭時，輔佐他的衆臣莫不心驚膽顫，誠惶誠恐，惟獨秀吉仍然不憂不懼。而最足以表現其豪放不羈的性格，便是著名的北野大茶湯。秀吉對茶湯有獨特的愛好，於是製定了不論貧富貴賤皆可自由參加茶會的制度，深得好評。

然而，在這種開朗豪放舉止的另一面，我們也不難看出，秀吉對身份地位懷有一種異常的執著。

例如，他成爲實際的天下覇主之後，仍然汲汲追求宮廷制度的身份、階級。首先，他取得正二位的官位，成爲內大臣，進而昇爲關白，再獲得從一位的職位，最後成爲百官之首——太政大臣。此外，秀吉命文臣所著的『天正記』一書中，還隱約暗示秀吉是天皇的私生子。

秀吉既然富甲天下，又掌握了實權，爲什麼仍然執著於地位的追求，甚至還企圖以「天皇私生子」的說法來抬高自己的身價呢？其實，這正是秀吉終身爲自卑意識所苦的明證。換言之，秀吉雖然擁有無上的財富與權勢，但對於自己是貧農子弟出身的事實，終究仍是耿耿於懷，無法泰然接受。

拿破崙也是從科西嘉島一步步邁向巴黎，從一個小小的軍官變成統帥萬民的皇帝。在這段期間裏，拿破崙還與貴族的遺孀約瑟芬結婚。除了出身低微之外，拿破崙也爲自己身材矮小感到自卑。與貴族結婚可說是爲了滿足他對自卑意識的一種補償心理。

又，小說『紅與黑』的主角朱里安·索雷爾是一位生長於貧民窟的野心家，他熱情地追求雷納爾夫人也是基於身份、門第的自卑感。

事實上，許多有名的企業家，不以財富與權勢爲滿足，而一心執著於赢得名門閨秀的芳心，這往往與他們出身低微的事實脫不了干係。

何者可以成為欲求不滿的「替換」

當一個人想獲得某種東西，卻又力有未逮時，爲了消除心中的欲求不滿，就會轉移目標去追求其它的東西。

也就是說，人會把欲求與願望的對象，從不易達成獲得的原對象，替換爲其它較易達成的對象，以滿足內心的欲求，這種心理就稱爲「替換」。

豐臣秀吉出身卑微是一個無法改變的事實，他冀望自己出身顯赫門第的期望當然無法達成，所以他就將這種期望替換爲追求眼前的地位。

至於出身於科西嘉島，一介小軍官的布衣皇帝拿破崙，以及生長於貧民窟的朱里安·索雷爾，則是將無法在自己的出身方面獲得的自傲，替換爲妻子或情人的高貴門第。

由此可見，由於自己出身貧賤，於是對當時的權貴極盡逢迎巴結之能事的人，不論古今中外都不勝枚舉。而汲汲追求地位權勢者，通常對自己的出身都抱有自卑感，這點也可以從歷史上得到明證。

欲求不滿時，會有「替換作用」找尋替換的對象發洩。

不論如何，出身卑微的事實是無可改變的，於是人就會以出身高貴者可能得到的財富與地位，來「替換」這種自卑感，企圖加以消除或掩飾。

這種替換作用，是在「我（主體）要以○○（目標、對象）來做△△（行動，手段）」的三種要素中，替換上相當的角色，其中最容易瞭解的是目標、對象的替換。

目標、對象的替換有四種類型。第一種類型是將無法實現的欲求對象，替換爲其它類似的對象。

例如，一直都很羨慕別的同學有哥哥愛護的小男孩，對擔任家庭敎師的大學生異常崇拜，就是因爲這位大學生無論在年齡、角色方面都很類似「哥哥」，於是他便在無形中將家庭敎師替換爲哥哥的角色，企圖藉此排遣沒有哥哥的寂寞。

另一個很類似的例子是，具有戀母情結卻很早就失去母愛的男性，渴望與年長的女性結爲連理。這種男性時常會陷入性無能的狀態，因爲他在無意識中讓情人與妻子替代了母親的角色。

又，生活周遭沒有自己中意的男性，或意中人對自己全然無動於衷，而心生欲求不滿的女性，往往會異常疼愛狗或貓等寵物。

也許有人會懷疑，貓、狗與男人難道可以說是類似的對象嗎？當然不是，但是女性可以抱著貓狗同睡，可以將無限的愛心都傾注在牠們身上。從這個角度來看，寵物無疑地擔任了情人的角色。

這種類似對象的替換，當然不僅僅是對人或動物。例如，自己的工作能力未受上司肯定，而有懷才不遇之感的員工，也許就會在吃尾牙、團體旅行、社團活動、工會活動等工作以外的場合，努力展現自己的才能，企圖獲得衆人的肯定。

心中有所不滿時，如果能如前述般找到替換的對象，就能紓解情緒上的壓力，減低不滿。一旦找不到適當的替代角色時，有些人還會製造出模擬這種對象的「替換角色」。例如，經常被當作出氣筒及洩憤對象的稻草人，就是最典型的例子。

有些人對某人懷恨在心，卻無法直接對他採取攻擊以洩心中的恨意，於是便產生了欲求不滿。爲了消除不滿，他們就會以稻草人權充懷恨的對象，對著它投鏢，甚至加上一頓拳打腳踢。

某家電器公司的管理者，在員工休息室設置了一排玩偶，權充各單位的主管，讓員工用竹刀劈砍，以消解員工的壓力反應，這可說是一種利用欲求對象的類似物來替換的心理控制法。

憎其人而惡其物的心理

欲求對象替換的第二種類型，不是針對對象本身，而是將欲求對象替換爲親近他的東西——例如他心愛的物品或經常使用的東西。

俗語說：「憎其人而惡其物」，這正是此種類型的最佳寫照。

憎其人而惡其物的心理，與將怨氣發洩在稻草人身上不同之處是，替換的對象不再是原對象的類似物，而是所屬物。換言之，擔任替換角色的不再侷限於類似物，只要是憎惡對象身邊的東西都能引起替換作用。

筆者在求學時代，有一位同學將已逝情人的手帕，像寶物般帶在身上，這便是以對情人所有物的珍愛，來替代失去情人的衝擊，企圖減輕內心的傷痛。

「這是去世者留下的紀念品」，此種想法正是基於替換心理。

近親去世時會分配一些遺物作爲留念是極爲平常的習慣。如果有人隨時携帶某人的遺物，片刻也不離身，表現出極度的眷戀，那麼此人可能終生都無法擺脫那位死者的影響。

一個人長大成人之後，如果仍隨身携帶父親或母親所留下的紀念品，這已經不能說是純粹爲了留念，也許我們不得不懷疑他具有「戀母情結」或「戀父情結」的傾向。

遷怒背後所隱藏的心理因素

欲求不滿對象替換的第三種模式，既不是對欲求對象本身，也不是所有物，而是針對該對象的屬性，也就是特徵，尋求另一種欲求對象。

例如，有些人渴望成為上流社會的一員，卻翻身無術，於是會模仿高階級及上流社會的習慣。對上流社會的生活心存憧憬的人，特別注重名牌，故意前往上流人士經常出入的場合，或千方百計想與名媛淑女接近，正是這種緣故，前述拿破崙及豐臣秀吉的事蹟，便是最典型的例子。

此外，如缺乏學歷為後盾的人，一心想求得高學歷的配偶，或認為某一個國家是自己的敵對國，於是排斥該國的語言，認為那是一種敵對語言，都是基於此種心理。

筆者旅居美國時，有一位朋友來訪，他的歷代祖先都是貴族，可謂出身名門，目前則擔任研究工作。我這位朋友頗有學問，不過他有個習慣眞叫人吃不消——不論談到什麼問題，他都不斷炫耀，強調自己對名牌的知識，例如喝葡萄酒就一定要喝某個地方出產的幾年份的葡萄酒，其它的都是不堪入口的劣等貨，而咖啡也必須選擇某一種廠牌，免得買到次貨……。

他為何如此執著於名牌呢？後來我曾經請敎一位與他非常熟稔的朋友，才明白他對目前的學者生活感到非常不滿，希望別人承認他以往的貴族身份，所以才如此重視名牌。

更深一層來說，由於他曾經是個貴族，擁有很高的地位與光榮，所以在完全不承認這種身份

工作積效不理想，遭上司責備的丈夫，回家後往往會遷怒於妻子。

的現代社會中，層層的自卑感及自我表現慾，就不知不覺地轉化爲他的言語行動而呈現出來。

欲求對象替換的第四種模式，是對與原對象完全無關的人或物採取行動，如毫無理由的遷怒即屬於此一類型。因此，在公司受到上司指責的丈夫，回家後往往大發雷霆，遷怒於妻子，妻子受氣後則遷怒於子女，子女又把悶氣發洩在家裏養的動物身上。

這種類型與前述三種類型截然不同，當事人會毫無理由地把情感欲求替換於既非類似物，也不是分身物的對象上。

丈夫受上司指責，憋了一肚子窩囊氣，卻又不能在上司面前發作，回家後便遷怒於妻子。在這種情況下，妻子既不是類似上司的替身，也不是上司的所有物等能代表分身的對象，同時和上司所具有的權威、地位等的屬性也全然無關。

換言之，此時的替換對象與原對象完全無關，只因爲在當事者身邊，容易接觸，便時常替代原來的欲求對象，被當作發洩怨怒或寄託情感的對象。

這也是「退化」的一種例子。例如，在家庭中處於孤立狀態，和家裏的每一個成員都無話可說的父親，經常會熱衷於栽培盆景，或組合玩具。栽培盆景和組合玩具雖然不能成爲家人的替身，但一個人默默行事的本身，卻能擔任替換說話欲求的角色。換言之，栽培盆景至少可以替代想要開口說話的欲求。

教育媽媽的深層心理

欲求對象的替換，大致都以上述的四種模式呈現，但誠如開頭時所指出，替換的種類除了對象的替換之外，還有「我是（主體），想以〇〇（對象、目標）作爲△△（行動、生活）」中的「主體的替換」以及「行動、手段的替換」。

所謂主體的替換並不難瞭解，例如將自己無法實現的理想，寄託在孩子身上即是最明顯的一個例子。自己衷心冀望進入一流大學，取得較高的學歷，無奈心有餘而力不足，於是產生了欲求不滿。這時候，當事人並沒有替換一流大學這個欲求對象的類似物或屬性——換言之，對象與目標並未改變，只是幫作爲主體的自己，找一個替代的角色，以消除內心的欲求不滿。

然而，這種替代角色並非人人皆可擔任，他須和自己很親密，甚至可以和自己視爲一體。從這個角度來看，最合適的人選莫過於自己的子女。

事實上，許多費盡心思想讓子女進入一流學校，或爲了讓子女成爲名音樂家而使出渾身解數的教育媽媽，通常是因爲自己無法實現進入一流學府的理想，或做一名音樂家的美夢中途破滅，所以才會愈加嚴格要求子女達成自己的理想。

當然，這種主體的替換，不僅呈現於未竟的理想的角色替代上，在容貌、身材方面具有自卑感的父母，經常會以子女的可愛面貌或修長的個子爲傲，這都可以說是主體的替換。

「道具狂」常為才能感到自卑

最後要介紹的是「行動、手段的替換」。首先談談將手段替換爲目的，以求滿足的例子，最典型的就是所謂的「守財奴」。

守財奴滿腦子都是儲蓄可作爲求取幸福之手段，對儲蓄錢財這件事本身感到無限的喜悅與滿足。這種人可能自覺無法和別人同樣獲得幸福，於是產生強烈的欲求不滿。開始時，他是企圖以金錢購買這種幸福，於是開始辛辛苦苦儲蓄錢財。

誠然，根據使用的方式，金錢也可能成爲帶來幸福的手段，但它畢竟只是一種手段，而不是幸福本身。守財奴忽略了這一點，滿腦子只想怎樣積聚更多的金錢，殊不知金錢與幸福之間並不能劃等號，他只是將獲致幸福的手段加以目的化，企圖從中得到滿足。

莫里哀所著的喜劇『守財奴』，主人翁阿爾巴格專門放高利貸，社會大衆都批評他是個貪婪而不盡情理的人，同時他心愛的人也對他的行徑嗤之以鼻。結果，他爲了取回被竊的金錢，還是放棄了這場黃昏之戀。

日本作家菊田一夫的名著『精打細算的傢伙』中的阿鹿婆婆，不但丈夫早亡，好不容易拉拔長大的兒子又遊手好閒，置年老的親娘於不顧，實在可說是一個與幸福絕緣的可憐人。

對這些守財奴而言，使用金錢所能帶來的幸福感是陌生的，因爲在他們的心目中，金錢是一種專供儲蓄而非供人使用的東西。這無異已將手段替換爲目的。

除了金錢以外，有些人的高爾夫球球技已臻顚峯狀態，再也無法突破現狀，於是逐漸地變成道具狂，熱衷收集稀奇的道具或有來頭的道具，而不願設法減少擊球的桿數，嚴重時甚至連高爾夫球都不想打。

這種情形也是因爲當事人將享受打高爾夫球樂趣的手段——道具，變成了目的。此外，有些人忘了汽車的本來目的，是作爲移動空間的交通工具，每天把車子擦得亮晶晶，放在車房中，並且以此爲樂也是同樣的情形。

又，身份低微，與政要雲集、各種進口名牌轎車大排長龍的高級場合扯不上關係的人，將原本只是交通工具的車輛目的化，把車子保養得無懈可擊，以發洩對自我境遇的不滿也是一樣。

高尚的藝術活動也是性欲求的變形嗎？

守財奴把儲蓄當作求取幸福的手段，對儲蓄錢財感到無限的喜悅與滿足。

行動的替換，還有一種被稱爲「昇華（sublimation）」的類型。這是指將被壓抑的性慾或攻擊性的傾向，轉換爲另一種能被社會接受的形態呈現出來。所謂能被社會接受的形態，是不違反社會習慣、道德，而能得到較高評價的形態。

例如容易和別人產生爭執、摩擦，容易採取攻擊性態度的人，如果直接對別人採取粗暴行動，必定爲社會所不容，因此他們只能將無處發洩的精力，投注在運動中或各類競賽中。事實上，有些人就是以運動來替代攻擊行動，發洩他過盛的精力，沒想到無心插柳柳成蔭，竟成爲家喻戶曉，人人稱羨的運動明星。

在渾然忘我般將身心投入運動的行爲中，我們往往不難看出這種攻擊性傾向的替換。

除了運動選手之外，隨時都必須集中思慮與

敵對黨派對峙的政治家，受競爭原理支配的企業家以及聚精會神對著病患揮動解剖刀的外科醫生等等，他們的行爲有時候只是某種攻擊性傾向的變貌。因此，在一流的政治家、企業家和外科醫師之中，原本就具有強烈攻擊傾向的，確實不乏其人。

話雖如此，但他們所得到的社會評價並不因此降低。每個人多少都具有攻擊傾向，他們能將攻擊慾望昇華爲良善的方向，難道不更值得我們敬佩嗎?

撇開攻擊性傾向不談，如性慾也可以透過跳舞、拉手、散步等，與性愛無直接關係的行動中得到昇華，或爲暫時性的發洩管道。

此外，藝術活動、保育、看護及宗教活動等必須傾注情感的活動，皆被視爲性慾的昇華活動，並不值得大驚小怪。反過來說，熱衷於藝術活動或宗教活動，對異性似乎毫不關心的人，往往具有強烈的性欲求，只是羞於將這種欲求直接呈現出來而已。

以上所討論的，是透過「替換」心理，透視人性弱點的方法。總而言之，當你覺得某人的行動有異乎尋常之處時，不妨注意此人四周的類似要素，因爲這種行動往往是其它欲求的替換。

【從替換行動透視對方弱點實例集】

1. 爲出身卑微到自卑的人——➡將出身低賤這個無法改變的事實，替換爲眼前只需努力追求，即可到手的地位及財富，將全部心血投注在追求這個目標上，以隱瞞自己的弱點。

2.認爲地位低微是自己弱點的人

⬇以名貴的衣服或裝飾品來代替地位，極力追求物質，崇拜高級與名牌，企圖掩飾自己的弱點。

3.在家庭中處於孤立狀態而感到寂寞難耐的人

⬇傾注情感的對象從子女轉移到盆景、組合玩具上，企圖以熱衷於這類的興趣，隱瞞自己的弱點。

4.對自己學歷太低感到耿耿於懷的人

⬇以子女來替代，將自己無法實現的理想寄託在孩子身上，根據替換對象所獲得的高學歷，來隱瞞自己的弱點。

5.希望在工作上獲得肯定而事與願違的人

⬇將工作替換爲工會活動或宴會等與公司有關的雜務，在其中做出令人側目的舉動，企圖掩飾自己的弱點。

第四章　狗急跳牆

——從「攻擊行動」透視對方弱點

【透視弱點法則4】人一旦具有無法承受他人攻擊的弱點時，就會先發制人，採取攻擊性的態度以隱瞞自己的弱點。

有些人平常倒還不失為一個謙虛的人，唯獨在飯店服務生，或百貨公司的店員等地位較低微者面前，卻特別裝出囂張而自大的態度。有些人遇到考試的場合，眼見別人都露出緊張不安的表情，自己反而故意大聲喧嚷，高聲談笑。其實，這種人內心多半抱有被壓抑的不滿，以及令其手足無措的不安。如俗語所說的，狗急跳牆，愈是處於被壓迫或無力反抗狀態的人，愈會採取攻擊性行動，以隱瞞心中的弱點。然而，這種攻擊態度原本就是一種裝腔作勢，如果對方採取更強硬的態度，就會令人意外地暴露出他的弱點。

激烈暴力事件所呈現的層層欲求不滿

日本豐田商事的永野一男會長，在大白天裏，而且還當著電視記者的面，遭到刺殺的事件，是犯罪史上很少見的例子，由於暗殺事件的現場及事件發生的始末透過電視報導，呈現在觀衆眼前，相信很多人至今仍記憶猶深。

這次事件不僅成爲社會大衆的焦點話題，從心理學的觀點來看也頗耐人尋味，因爲它明白地

暴力事件往往是由弱點意識濃厚的人先啓戰端。

告訴我們，異常的攻擊性行爲是源自於何種心理。

主兇飯田篤郎，曾就讀靜岡縣的舊制大學，後因故輟學，轉而擔任大阪地方法院書記官的工作，最後自己出資經營一家小鐵工廠。

在事件發生的一年前，他所投資的一家零件工廠倒閉，由於受這家零件工廠倒閉的影響，飯田篤郎所經營的工廠也負債七千萬日幣，很快便宣告倒閉。

飯田篤郎認爲零件工廠倒閉是有企圖的詐欺，於是訴諸於法，不料卻遭到敗訴。經過這次挫折，飯田對於採取詐欺性經商方法，而受到社會大衆非難的豐田商事的作風，感到非常不滿。據說他在事件發生前，就經常向家人表示：「豐田商事是一家很可惡的公司。」而事件發生後，他也很坦率地向調查人員供述他殺人的動機：「我們的法律太鬆散了，我很不滿永野一男的作風，可是卻沒有人去制裁他，所以我只好親自動手！」

這種不合理的動機，雖然是由於社會公義而引起，但仍無法解釋他的殺人行為。事實上，飯田篤郎殺人的眞正動機，可能是由於連續遭到倒閉、敗訴的打擊，刺激了他對出身或性格的自卑感，形成急欲消除這種不安及欲求不滿的心理，終於作出了激烈的攻擊性行爲。

攻擊性原本是人面對危險狀況時的正常反應。人一面對危險及不安感到恐懼，一面積極展開對抗，試圖藉此扭轉不利的狀況，這是正常人都有的心理。

然而，有些人卻會發動從任何角度看都不合理，或過於極端的攻擊性行動，例如職業運動選手間暴力事件，就是最好的例子。

値得注意的是，在各方面表現都很優秀的選手，很少捲入這種暴力事件。只有一直受壓抑，或感到內心有股難以形容的壓迫感的選手，才會爲了一點小事而大發雷霆，與人拳腳相向。

在進行職業棒球賽，橄欖球賽或美式足球賽時，球員個個鬥志高昂是很可喜的現象，但球員彼此摩拳擦掌，怒目相視，使得旁觀者大叫「太過份了！」的情形卻也很常見。尤其是以野蠻出名的冰上曲棍，比賽人員經常打得身負重傷，鼻青臉腫，實在令人搖頭。

當然，從試圖隱瞞自卑感或壓抑自卑感以適應社會的心理來看，這種攻擊性行動都是有理由的行動，並非無的放矢。

狗急跳牆這個道理人人皆懂，暴力事件多半是由居於劣勢的一方，或自卑感濃厚者發端。因此，刺殺永野一男會長的元兇飯田篤郎，在幹下這場驚人的事件之前，由於層層累積的欲求不滿作祟，一定早就在日常生活中呈現某種攻擊性態度。如果他周遭的人能及早發覺他瘋狂的攻擊性，對隱瞞在這種攻擊態度背後的欲求不滿，採取適當的對策，或許就能避免這次悲慘事件。

自卑感所引起的攻擊心理

這種攻擊性形態，心理學上稱爲「防衛性攻擊（defensive aggression）」，也就是基於對欲求不滿，感到恐懼而採取的一種制先反應。當一個人面臨不易適應的狀態時，往往不會設法去避免這種狀況，反而採取積極性的攻擊態度，試圖改變既定的狀態，以打破眼前的困境。

基於這一點，我們可以說「逃避」是消極性的防衛機制，而「攻擊」則是積極性的防衛機制。

當然，不管是多麼積極，防衛性攻擊的背後潛藏著內在的自卑感與不安，這和「逃避心理」所引起的「退避」、「排拒」反應並無不同。

簡而言之，攻擊性態度也是由於欲求不滿而引起，爲了掩飾自己的不安及自卑感，人往往會採取這種態度來掩人耳目。

在日常生活中，攻擊性行動會以何種形態具體的呈現出來？我們將會在下面的章節中詳加討論。一般而言，這種攻擊行動的呈現方式，大致可分爲三種類型。

一、呈現在向對方發動破壞性行動上。例如職業運動選手間的暴行等，就是最典型的例子。此外，體質虛弱的兒童會虐待比自己年幼的兒童，或貓狗等小動物也是屬於這類型。

二、呈現在言語或行動上。例如時常高聲說話或採取盛氣凌人的態度。

三、呈現在態度上。例如平常在工作場所受上司或同事輕視，專門供人使喚的人，一踏出公司大門，立即抬頭挺胸走路，或以一種很囂張的口氣說話，這便是屬於此一類型。

下面我們將針對這三種類型詳加討論，同時探討引起這種攻擊行動的弱點與自卑感。

循規蹈矩者常具有攻擊傾向

採取攻擊性態度的人都有一個共同點——他們平常都循規蹈矩，性格內向。每當發生殘暴的犯罪事件後，總會有人嘆息：「平常他是那麼溫順的人，怎麼會做出這種事？」原因也在於此。

打開報紙的社會版，我們經常會看到許多令人驚愕的報導：誘拐女大學生離家出走，再辣手催花的兇手，是一家大餐廳的廚師，平常工作態度認眞，待人和善，常博得同事的讚揚；以金屬球棒搥死父母的孽子原是鄰居心目中的優秀青年，平常見了人總是笑臉相向，禮貌寒暄；而在上下班擁擠的車廂中，對年輕女性毛手毛腳的色情狂，是平常被社會大衆另眼相看的一流企業的高級幹部；上流家庭裏的賢妻良母，卻無法改掉順手牽羊的習癖，一到百貨公司就伸出第三隻手…

企圖以語言上的暴力來隱瞞考試失利的弱點。

……。

一位刑警朋友還萬分感歎地告訴我，犯下強暴案的犯人之中，平常聽到黃色笑話便臉紅耳赤，渾身不自在的潔癖主義者，居然異常的多。

平日裏脾氣溫順，循規蹈矩的薪水階級，愈容易突然採取爆炸性的暴力行動，或做出毆打上司，莫名其妙提出辭呈等令人意想不到的事，這是企業管理者共有的一個體認。

一般而言，性潔癖主義者往往在性方面抱有自卑感。突然提出辭呈的人，乃是對自己在公司中的地位及社會地位感到不滿，卻沒有適當的發洩管道，於是無處宣洩的自卑感便蓄積在內部，等到這種自卑與不滿日積月累到某一程度後，就好似水壩決堤般向外四處橫流。

從相反的角度來說，遇到這種爆炸性的攻擊態度，也正是透視對方所抱持的根本性自卑感的大好時機。

例如，有些兒童未入學之前，總是一個人乖乖地玩耍，進入幼稚園或小學後，卻突然變得粗暴乖戾，有些兒童在家是個言聽計從的好孩子，到了學校卻是個專愛惡作劇，調皮搗蛋的問題學生，甚至以老大自居，時常做出粗暴的行爲，欺侮同學……。

尤其是家庭環境複雜，或親子關係問題重重，以致內心糾結不安的兒童，最容易成爲老師心目中的問題學生。這類型的兒童是想透過在學校或其它團體做出粗暴行爲，造成糾紛以保持心理上的平衡。換言之，這種無意識的攻擊心理，可以告訴我們兒童內心的糾結與困擾到底在那裏。

在考試場所大聲喧嚷是缺乏自信的表現

接著，我們來看看攻擊行動呈現在言語或行動上的例子。防衛性攻擊是欲求不滿所引起，但這種心理是無意識中呈現出來的，所以本人往往並未發覺自己的攻擊性行動，是起自欲求不滿或自卑感。

而且，攻擊在本質上是一種積極向外界主張自己的態度，所以並不一定以向對方發動破壞性行動的形態呈現。相反的，在日常生活中以稍微高昂而積極的言行，來呈現當事人攻擊心理的例子倒比較常見。

在此，我們不妨來談談筆者的一個親身體驗。每年到了升學考試季節，我都被調派到考場擔任監試人員。對於大部份的大學教授而言，監考是一件最無聊的工作，但我卻認為那是一件樂事，一椿享受。因為監考正是透視人性弱點，窺探考生心理的大好時機。

在考試前一刻，大部份的考生都緊張得悶不吭聲，或埋頭於書本，作最後的努力，但少數的考生卻故意大聲喧嘩，或一離開考場就高聲地說：「終於結束了！」、「那道題目眞叫人傷腦筋！」這類型的考生十之八九都缺乏自信心。

依一般情形判斷，高聲說話，態度輕鬆愉快，應該是胸有成竹，穩操勝劵的表現。其實不盡然，這種故作瀟灑的態度背後，隱藏了試圖將缺乏自信或自卑感所引起的緊張狀態，無意識地加以解放的心理。

尤其是不願被人察覺自己可能在此次考試中慘遭滑鐵盧，而心中惴惴不安的人，更會故意大聲喧嘩。所以，從廣義上來說，這種行為可算是一種心理防衛性攻擊。

囂張的態度是地位自卑感的表現

最後要討論的是呈現在態度上的攻擊性。在企業組織裏，常可以見到有些人既無卓越的才幹，也沒有驚人的智慧，只因為年資深而調任較高的職位時，便開始目中無人，態度驕傲。

這種人在公司裏對部屬頤指氣使，部屬多半會忍氣吞聲，倒也沒有什麼問題。但是，他們往往不知節制，對來往客戶，甚至在火車、餐廳中都採取囂張傲慢的態度，常引起周遭人們的不滿。

在上下班顛峯時間的擁擠車站裏，將年輕人或學生當作貨品般用手推開，或在咖啡廳裏用命令的口氣向服務生要餐點的冒失鬼，不乏無能的管理者。

這種行動類型，雖然在替換行動中也可以看到，但兩者基本上還是有所不同。替換行動是內心渴望對某人採取傲慢的態度，而事實上卻無法如願，於是便選擇一個可以肆無忌憚地在他面前擺出傲慢態度的對象，作角色的替換，這種行爲本身並非以攻擊性欲求爲出發點。

相反的，以攻擊性欲求爲行動出發點的人，卻會對對方發動執拗的攻擊。例如，看見服務生不愼將水滴在桌面上，就大聲吵鬧：「你這是什麼服務態度，叫你們的負責人出來！」或不論對方如何道歉，也不改變傲然的態度，依然高聲辱罵，一直到有經理等頭銜的人出面道歉，才故作姿態地聳聳肩離開。

這種人的行動，在旁觀者眼中看來，顯得滑稽無比，但如果更深一層去探究，就可以瞭解，這種呈現於外表的攻擊性態度，正是當事人內心存有根深蒂固的自卑感及不滿的明證。

換言之，這種人對自己的無能頗有自知之明，卻又千方百計去規避，不願使它呈現於自己的意識層面，企圖減輕自卑與壓力。因此，只要遇到與自己沒有利害關係的人，就會無意識地採取囂張、傲慢的態度，以維持內心的平衡。

這類型的人最大的弱點，在於他必須時時提醒自己：「我是很有才幹，很偉大的！」並且要呈現在態度上，否則就會感到極度不安。

所以，只要掌握此一心理弱點，即可隨心所欲地操縱這類型的人。表面上，應該給予對方所渴望的關懷，然後選擇適當的時機，略微提起對方最耿耿於懷的工作業績。當然，如果過度指摘他工作上的缺乏，很容易引起反效果，最好是不著邊際地觸及對方的弱點，略施壓力，才能使其心服口服。

下意識疏遠有才幹部屬的上司缺乏自信心

上述的例子，都是以試圖隱瞞絕對性無能之弱點的心理爲出發點。當然，由於具有相對性無能的弱點，而將攻擊矛頭對準遠比自己能幹者的情形也很多。

人都有比較的心理，站在才能卓越者的面前，總有相形見拙的自卑感，而攻擊行爲本來就是避免自己受對方壓抑；以保護自己的心理式防衞手段，因此會呈現排斥，攻擊給自己帶來威脅的對方，同時接近才能與自己相彷，不會使人產生自卑感的人。

國內的每一所大學，年年都舉行教授資格審查．我也時常參加這種場合。筆者發現，有些審查人員往往非常嚴格地「遵守」審查規則，甚至到吹毛求疵的地步。有趣的是，這些專愛在雞蛋裏挑骨頭的人，往往沒有特殊的研究成就，只是由於年資深而獲得今日的地位。

此外，有些人在上下班時間搭公車，車廂分明已經擠得水洩不通，仍然拚命地向上擠，嘴上大聲嚷嚷著：「再擠一點！再擠一點，大家都趕時間嘛！」一旦自己擠上車，馬上轉變態度，冷冷地對大排長龍的人說：「擠不下了，坐下班吧！」

人類本來就是一種自私自利的動物，一旦獲得某種地位，就會變得非常明哲保身，無意識地對危及自己地位及利益的人進行攻擊。

在企業組織裏，缺乏能力的上司，雖然會接近照顧能力較差的部屬，但對於比自己有才幹的部屬，往往會採取攻擊、排斥的態度。對他們而言，將可能威脅自己地位的部屬放在身邊，會給他們帶來莫大的心理壓力，所以他們絕不會輕易地對有才幹的部屬假以顏色，只有才疏學淺的人才能解除他們的心理防衛。

當然，這種上司並不是因爲欣賞部屬的才識，才格外地照顧對方，而是基於保護自身，鞏固自己地位的計算。所以，即使平常被他輕視爲無能的部屬，只要提出比自己略具創意的意見，依然會把他們視爲心腹大患，立即改變以往和藹的態度，冷面相待。

一般而言，愈是無能到連自知之明都沒有的人物，愈認爲自己目前的地位是憑藉自己的能力贏得，因此，他們會疏遠那些可能威脅自己地位的部屬，動輒加以非難，或採攻擊性的態度，而他們對自己的嫉才心理，往往是不自覺，無意識的。

透過批評他人以隱藏自卑感

無能的上司會對才能卓越的部屬吹毛求疵。

經常出言不遜辱罵別人的人，不但令人退避三舍，無法建立良好的人際關係，同時，從判斷力、適應力、領導力等所謂社會性能力的觀點來看，他們往往也是個弱者。

例如，辱罵部屬無能的上司，根本不曉得自己比部屬更無能，而不知不覺地暴露出自己無法發掘部屬潛藏才能的弱點。所謂「無能的部屬是由無能的上司培養出來的」，眞是一針見血的說法。

當然，在企業組織裏，往往上司之上還有上司。不過，根據美國心理學家的研究，管理者與領導人之間的關係，同樣脫不出上述的模式。

進行此項研究的心理學家，以某個擁有十幾個部門的企業爲對象，研究經理對課長的指導方式，與課長指導部屬方式之間的關連性，結果他發現無論是那一個部門，這兩者之間都呈現了全面的一致性。

換言之，一個管理者所採取的管理方式，很容易受到自己被管理方式的影響。簡單的說，經常辱罵部屬無能、愚蠢的課長，大概是經常在經理面前遭到同樣的辱罵。

基於這個道理，我們不難瞭解，一開口就批評上司及公司的人，出人頭地的意欲很強，他們很想得到晉昇的機會，卻又因爲種種因素而無法如願。這種急欲往上爬的意欲被壓抑的結果，就變成自卑感，鬱積在內心深處，於是，他們只好藉著埋怨、非難上司或公司制度，來解除內心的不滿。

攻擊對象呈現當事人的心理弱點

從攻擊或所謂防衞性心理透視人性弱點的要領，就是看淸呈現於表面的言行態度，是內心深處隱藏的那一種欲求不滿或恐懼的制先反應。

話雖如此，但由於當事人對自己的心理弱點多半沒有自覺，因此，最簡單的方法便是將他所攻擊的對象或事物，作一百八十度的思考。例如，感情走私的丈夫，爲了掩飾內心的不安，往往會懷疑妻子不貞，或以攻擊性的態度追究妻子的行踪，企圖隱瞞自己向外發展感情的不軌行爲。

這時候，身爲妻子的不必急著爲自己辯駁，或對丈夫的指責大動肝火：「這根本就是毫無根據的誣賴！」而應該冷靜地思考：「爲什麼他會這樣一反常態地責備我？」從丈夫言行所透露出來的訊息，透視丈夫在外拈花惹草的行爲。

總而言之，不論碰到怎樣激烈的攻擊態度，只要瞭解這種心態，就不會立即衝動地加以反駁，相反地還可將其視爲透視對方弱點的良機。

【從攻擊行動透視對方弱點實例集】

1. 由於未受社會大衆重視而心生自卑的人
   ➡以社會公義爲藉口採取暴力態度，企圖引起社會大衆的注目，佯裝自己不曾因爲被疏離而產生乖僻心理。
2. 認爲對方是一位難以應付的棘手人物者
   ➡只要對方犯了一點小過錯，就好像抓到對方的小辮子般，向對方提出嚴正的抗議，想製造自己才能優於對方的假象。
3. 體弱多病，並且對此感到自卑不滿的人
   ➡以欺侮幼小者或小動物爲樂，以顯示自己也很強壯。
4. 對目前的地位及待遇感到不滿的人
   ➡有時候會突然高聲地反駁上司，或提出辭呈，採取攻擊性的態度。
5. 對考試缺乏自信，內心感到惴惴不安的人
   ➡在考場大聲喧嘩，或做出誇張的舉動，企圖予人自己是很積極開朗的印象。
6. 因工作上的無能而感到自卑
   ➡如果因年資深而擔任較高的職位時，就會突然一反常態，變

的人

➡得非常傲慢，在服務生、店員面前擺出一副盛氣凌人的模樣。

7. 深恐部屬危及自己地位的人

➡一有機會就批評才能卓越的部屬，並且假意照顧無能的部屬以掩飾內心的不安。

8. 自己表現平平，拿不出令人滿意的成績的人

➡對於別人的成就給予嚴格的批判，經常非難沒有實際成績的人，企圖轉移他人對自己缺乏實績的注意。

9. 想要出人頭地的欲求無法滿足的人

➡提出上司或公司內部的缺失加以批評，以避免別人察覺自己的欲求不滿。

10. 對自己在外拈花惹草感到不安，深怕被妻子發覺的人

➡透過懷疑妻子的不貞，以及追究妻子的一舉一動來隱瞞自己的弱點。

第五章　計算亡兒的歲數

——從「執著行動」透視對方弱點

【透視弱點法則5】

一個人如果不願他人看穿自己弱點的意識增強，就會摒棄外在的一切，只執著於小節。

有些人在會議等場合中，特別喜歡堅持己見，說什麼也不肯改變自己的意見，枉費眾人已經過磋商，進入最後的協調階段，却為了這少數人無理的執著，使會議遲遲無法獲得結論。事實上，這種無理執著的行動背後，往往隱藏著某些弱點意識，例如一心想出人頭地卻沒有卓越的表現，工作無法順利推展……這種弱點意識愈增強，主張自我的程度也愈增強。如諺語所說的「計算亡兒的歲數」，有些人確實常執著於無用的事物，但執著本身並非此人的目的，他是想藉執著的行動滿足內心的欲求。

信心十足者背後的弱點

「執著」是現代年輕人最喜歡用的字眼之一，這個字在他們生活中出現的密度相當高。某家商品的廣告，也以「持續執著二十年」作爲宣傳用詞。的確，「執著」一詞具有令人聯想到傳統，高品質的效果。

然而，執著一旦成爲人們行動或心理上的問題，事情就另當別論了。同樣是執著，如果像「計算亡兒歲數」一般執著於無謂的事物，則意義便有不同了。

弱點意識增強，會使思考範圍侷限於一隅。

換言之，從心理學的觀點來說，這種執著，也就是「執著的行動」，是出自於企圖從欲求不滿或不安、不快等感情保護自己的心理。

喜歡打麻將的人，往往具有這種傾向。我有一位朋友，他打麻將已經有了二十年的歷史，但技術一直沒有進步，因為他有一個習慣，就是手氣愈差的時候，愈會製造出對自己不利的狀況。

每當他連連輸錢的時候，就想作一次大牌，藉此扳回輸去的錢。追根究底，原來在他剛學會打牌時，常常一個晚上胡了好幾副大牌，使同桌打牌的夥伴大為訝然。從此以後，每當手氣不順時，潛伏在他腦中那種胡了大牌的成就感便復甦過來。

只要會打麻將的人都瞭解，剛學會打麻將時，雖然明知清一色不易湊成，但還是會雄心萬丈地想湊成這種連視覺上都是一種享受的牌色。

不過，久而久之，就會逐漸明白，這種看起來愈美麗的牌色，湊成的或然率愈低，如果一心執著於湊成大牌，往往無法取勝。

問題是，具有執著傾向的人，往往眼光淺短，無法以客觀的態度正視眼前的局勢。而且，一旦具備這種習癖，執著行動就會出現在生活的各個層面。

容易做出執著行動者的特徵是自信滿滿，自我意識強烈，非常執著於自己的意見和主張，行事時都抱著毫不動搖的信念，因此外表看不出有任何弱點。

不過，由於這種人總是以自我爲中心，對別人非常嚴厲，所以常和周遭的人發生磨擦。從心理學的觀點來看，這種人之所以具有不可動搖的自信，一意孤行，執著於自己的意見，是由於隱藏在內心深處的挫折感及怯懦感作祟的緣故。

所以，一旦事情無法順利地進展，就會更加產生企圖隱瞞這種怯懦或挫折感的意識，而陷入嚴重的興奮狀態，並且將所有責任推卸給別人，認爲事情無法順利進展是別人的錯誤，一意執著於自己的意見。

在這一章裏，我們將對「執著的行動」的典型呈現方式作一番說明。此外，那一種人容易變成執著的人，「執著的行動」會導致那一種失敗，以及收集狂所呈現的「執著的行動」背後的因素等問題，都將在本章中作一番詳細的說明。

執著的人無力轉換思考方向

談到執著行動的典型呈現方式，升學考試是最好的例子。近年來，考不上大學或高中，而在家自修或進補習班的人有急速增加的傾向，甚至連續四、五年都名落孫山的人也不少。

至於司法官考試，或會計師考試等難度更高的考試，則投資十年、十五年的寶貴時間來作準備的人，更是比比皆是。

筆者身旁就有好幾位這種年年都在衝刺的人。基本上，他們的智商絕對不低，我認爲他們所以常常遭到失敗，最主要的原因是過於執著於一定的讀書方法。他們雖然屢戰屢敗，卻仍然執著於自己的讀書方法，不願謀求改善。爲什麼這類型的人會如此執著於自己的想法呢？

心理學家A．S．李尤金斯曾做過一項相當有趣的實驗。他讓數名被實驗者，連續做五題使用同樣方法就可以解答的數學問題，從第六題起就安排只要改變思考方式就能更輕易解答的問題，試圖根據被實驗從第幾題起就發現解題方法改變，來測驗其思考力的彈性，結果證明，問題的性質改變時便立即察覺的實驗者極其少。

換言之，人類一旦解決過某一問題，這個經驗就會迅速在意識中生根，受到由此所產生的暗示作用左右，而認爲這個方法便是最理想的方法。這一點會妨礙思考的轉換，喪失彈性，「執著行動」即是此一傾向的增強。由此可以瞭解，經常固守某種特定作法或推進方式的人，往往只是在追求以往的成功經驗，對目前的境遇抱有嚴重的不滿。

在企業組織裏，經常可以見到類似的情形。尤其是經驗豐富的經理、課長，他們往往有一套自己的辦事方法，同時也認定這種方法是最好，最理想的，於是便執著、墨守這套方法，強制部屬遵循。

當然，這套方法在某種情況下或許是很適切的，但如果不能隨機應變，一味墨守成規，卻也會招致失敗。問題是，偏執的人對自己的行事方法抱有毫不動搖的確信，做夢也想不到自己的方法有錯誤，一旦部屬坦白指陳，他們的自尊心就會受到傷害而怒不可遏。

這種人表面上都充滿自信，而他們的方法論似乎也都脫胎自過去的成功經驗。但如果進一步剖析他們的心理，會發現他們內心其實是充滿了怯懦不安與挫折感，並且深深懼怕這些弱點心理會浮現於意識層面。

換言之，他們在無意識中畏懼部屬會超越自己的方法及經驗。一旦有才幹的部屬出現，很可能便隱藏在他們內心深處的怯懦不安及挫折感，映現於意識層面。

這種心理會使其思考失去彈性，所以愈是遭到失敗，就愈固執於自己的方法，因為他們只有藉著執著的行動，才能保持內心的安定。

表面滿懷信心的人內心充滿自卑感

自我孤立的人容易成爲「偏執者」。

接著我們來看那一種人最容易變成執著的人。戲劇及電影中有所謂的討論劇，即是將場面設定於某一法庭或會議上，根據登場人物的議論來發展這一齣戲劇的形式。當然，這種形式的戲劇，必須在所有登場的人物中，至少安排一、二名自始至終皆不改變自己主張的頑固人物方能成立。

所謂頑固的人，光是他的存在就能引起種種對立與糾葛，也才可能形成戲劇。

固執而誓死不改變自我主張的「偏執者」，在實際生活中也不少。在各種會議中，往往會出現一、兩個執著於己見，絲毫不願稍作退讓、妥協的人，使得整個會場中充滿火爆氣氛，會議時間一再延長。

這種偏執者，表面上一點也沒有怯懦不安，但內心深處卻隱藏著欲求不滿及自卑感。無可否認的，每個人都具有種種欲求，而這些欲求不見得能獲得滿足。些微的欲求不滿，通常不會呈現於表面，此時如果不謀求改善的對策，不滿之情逐漸累積，超越了一定的界線，就會使人的態度、行動產生變化，而其中之一便是執著的行動。

例如，每家公司裏通常有一、二位這種人——每當人事異動時，便會自信滿滿地認爲「這次我鐵定能升爲課長」，但人事命令一發表總是大失所望。這種人在會議場合中，最容易變成頑固，不願妥協的「偏執者」。

日本的明智光秀雖然是一位軍略、政略俱優的戰國武將，也是當時一流的智識階級，卻也時常在別人面前發牢騷，長篇大論地發表自己的意見，令對方萬分厭煩。以性急如火而名聞一時的織田信長，對明智光秀的智識雖然很看重，卻也常忍不住而出言責備。

明智光秀在戰國武將之中，確是個智識卓越，深謀遠慮的人物，但他年輕時一直懷才不遇，等到他受織田信長賞識，成爲織田軍團的一員武將時，已屆中年。多年懷才不遇所累積的欲求不滿及自卑感，早已成爲內心一個難以卸卻的心結，所以，明智光秀才會在受到器重，得到夢寐以求的地位之後，抓住每一個機會，嘮嘮叨叨地發表自己的見解，而招致織田信長的反感。明智光秀每次遭到織田信長責備，欲求不滿及自卑感便愈加增強，最後甚至作出背叛的行爲，這一點是不難瞭解的。

偏執者之所以嘮嘮叨叨地發表意見，使會議陷入膠著狀態，往往是內心潛伏著受對方反駁的不安。換言之，偏執者雖然堅持自己的主張，卻時時擔心自己的執著會因爲他人提出反對意見而崩潰。因爲執著行動一旦失敗，欲求不滿及自卑感便會呈現於意識層面，變成無可避免的心理動搖。

執著行動易招致失敗

前面曾經說過，所謂歷史是一連串過失與錯誤的連鎖，當然企業組織及企業人士的個人史也不例外。

「屢經失敗、經驗豐富的人必能發現通往成功的道路」，這是受「經營之神」松下幸之助培植，而成爲傑出經營者的後藤清一的名言。

的確，一個人遭到失敗時，如能徹底追究失敗的原因，不要再重蹈覆轍，從失敗的教訓中學習，必能找到成功之路。

俗語說：失敗爲成功之母。但實際上，失敗往往導致另一次失敗。這是由於人類的心理使然，失敗以失敗的形態固著於意識中，使思考喪失彈性。

以研究創造性而聞名的J．E．亞諾德把妨礙人類創造性的因素分爲①認知性的障礙　②文化性的障礙　③情緒性的障礙三種，而其中尤以情緒性的障礙最容易妨礙創造性的發展。

亞諾德所指的情緒性障礙，就是畏懼因犯錯而遭別人嘲笑，畏懼上司指責，自我評價降低，對部屬或同事心存懷疑以及對安定的欲求等。簡單的說也就是「畏懼失敗」。

前文曾經說過，容易做出「執著的行動」的人，表面上通常很堅強，面對危機或陷入逆境也不畏縮，隨時都顯得自信滿滿，看起來好像一點也不怕失敗，即使遭到一、二次挫敗也絕不會放在心上，但事實卻正好相反。

這種類型的人，一旦執著於某種欲求或情感，這種想法便會深植於腦中，無法輕易擺脫。一般人犯下某種錯誤或遭到失敗時，通常也會有某種程度的執著，不過這種執著會自然消失。但此一類型的人卻不易消除固執的意念，容易造成欲求不滿或自卑感的後遺症。

此外，這類型的人也是極端的自我中心主義者，確信自己是正確，不會錯誤的。所謂獨裁型的經營者、管理者多半具有這種傾向。他們不善於和部屬商議或聽取部屬的意見，同時也畏懼把權責委任於部屬，因此常事事親恭。

當然，如果獨裁型的人能力卓越，體力也充足，一切當然沒有問題，但由於他們是極端的自我主義者，又經常感情用事，所以常作出錯誤的判斷。一旦失敗就會重覆失敗，迅速走向毀滅一途，這便是容易「執著的行動」所招致的結果。

為完全主義者而設的陷阱

『知識的軟體』一書中，曾提到一則對整理廢物具有異常熱情的資訊狂的故事。

熱衷於情報收集，可對敵手做正確的判斷。

有一天，一位陌生的年輕人前來訪問該書的作者，表示自己對各種事情都懷有濃厚的興趣，每天都埋頭整理資訊，希望此次前來能獲得有關這方面的建議。該書的作者從他所說的話中，發現他確實對各種資訊作了非常完善的整理，於是便問他每天花多少時間在這上面，他回答：「我開了一家美容院讓妻子經營，自己則整天都投入整理資訊的工作中。」

這位年輕人的作法雖然令人不敢苟同，但我卻不能嘲笑他，隨著資訊的發展，企業組織裏也有不少這類的資訊狂。

整理資訊，如果一開始沒有設定一個界線，最後往往弄得焦頭爛額。以剪貼報紙爲例，剪下這則新聞，就覺得那則軼事也該保留，那篇小說必須剪下來才心安，而剪下的各種資料，又必須集中處理，分門別類地貼在剪貼簿上——這個工作一旦開始，簡直就沒完沒了。而且，花費龐大的時間與精力、費用所整理出來的東西，到頭來往往毫無用處。但具有資訊狂的人卻對「完善整理」這件事本身樂此不疲。

這種人對知識或資訊具有類似恐怖的自卑感，不信任自己的判斷力與能力，故而會發生類似的自卑感。

固執於某件事的「執著的行動」背後，通常隱藏著某種程度的自卑感。而這種自卑感所引起的「執著行動」，又容易變成「完全主義」。

完全主義者時常會把手段和目的，過程和目標顛倒，學術界就經常能看到這種典型的人。很多學者都是固執主義者。例如，原本在進行蝗蟲生態研究的昆蟲學家，有一天突然對蝗蟲腳部的第一關節產生興趣，從此以後便埋頭研究這個課題，終其一生未再發掘其它方面的問題。換言之，他原本是在一個大領域裏從事研究，最後卻由於過度執著於某件小事，而迷失了原來的目的與目標。

很顯然的，這種「非喜劇」就是由於「執著的行動」所導致的。

而且，執著的行動會以固執於手段或過程的形態呈現，對目的反倒不重視。

在會議場合中固執己見，時常長篇大論發表意見的人，前文已經討論過，這也可說是比目的、目標更執著於手段、過程的例子。所以，這種人在議點尚未定案之前，雖然會頑強地堅持自己的意見，不願退讓，但往往到了最重要的關頭，會突然改變態度，同意他人的看法，令人大感意外。

所謂完全主義者，從表面上通常看不出弱點或缺點，但這種完全主義本身，其實就是弱點、缺點的一種呈現方式。

迷信名牌也是一種欲求不滿及自卑感的呈現

飼養寵物具有安定精神的效果，是很多人都瞭解的事。美國賓州大學附設醫院對因心臟病住院的病患進行調查的結果，發現病患在照顧寵物的時候，血壓明顯下降，脈膊數也減少，這叫做「寵物效應（Pet Effect）」。反過來說，抱有欲求不滿或自卑感的人，對寵物具有異常的感情，便是在無意識中期待這種安定精神效果的緣故。

人類會對寵物傾注感情，是基於一種企圖消除欲求不滿的心理。這點可用「替換」或「代償行為」來說明。但是，在實際行動方面，通常會以對特定的貓、狗的過度寵愛來呈現。很多人都喜歡貓，但並不是喜歡每一隻貓。

執著行動對物呈現作用的情形也很多，例如：

某家公司總務課的一名課員，在會議中提議統一採用某文具商的文具用品，當然此舉並非因為他接受對方的賄賂或好處，純粹是因為他相信該廠商的製品品質優良，價格低廉，才毅然推薦。

可是，他的提案遭到否決，最後公司決定採用和上級主管有人事關係的另一家廠商的製品。於是，他便將所有的辦公用品棄置不用，改用自己的私有物——當然，文具用品都是他推薦的那家廠商所生產的。

我們時常能看到從頭到腳所穿載的衣物，全部是高級名牌貨的人。這些人外表雖然衣冠楚楚，卻往往是由於某種欲求不滿及自卑感，才做出這種執著的行動。

另一種經常在日常生活中做出執著行動的人，是郵票、煙斗、美術品等的病態收集狂。

人一旦產生收集的興趣，就容易把自己關閉在自我的世界中。也就是說，收集原本就帶有自閉的傾向。然而，一般人只要熱衷到某種程度，就無法忍受這種自閉性很強的世界，熱情也自動逐漸冷卻。但固執的人則是愈熱衷，執著行動愈增強，毫無限制地變成一種病態。

這種人一談起自己的收藏品，馬上像變了一個人似的，口角生風，活似一個雄辯家，但話題一離開他的收藏品，立刻變成一個木訥、冷漠的人。

一般而言，我們都是把精神巧妙分散在工作、家庭生活、休閒活動各方面，以保持心理的平衡。但在工作、家庭生活方面抱有欲求不滿及自卑感的人，會把全部的精力投注在休閒活動上，尤其是以執著於特定興趣的形態呈現。

當我們面對病態的收集狂時，很容易被他的熱情折服，驚歎於那種豐富的知識。其實，他們通常只是將某種欲求不滿及自卑感，透過「執著」的形態呈現出來而已。

【從執著行動透視對方弱點實例集】

1. 對自己的能力缺乏自信的人 → 執著於工作的程序，不論受到任何人的忠告，都不願改變自己的方式。
2. 對於自己在競爭中失敗耿耿於懷的人 → 即使上司有意提拔，也會以「我不是這種材料」的藉口婉拒，表現得好像無意於升遷。
3. 以頭髮稀少爲弱點的人 → 固執於蓄留鬢髮或鬍鬚，企圖隱瞞頭髮稀少的弱點。
4. 具有容易向他人妥協的弱點的人 → 固執於自己的主張，不願聽取對方的意見，不斷重覆說同樣的話。
5. 認爲自己出身低微是一大弱點的人 → 喜歡提起能彌補自己出身寒門之憾的人，例如談論某位稍有名氣的遠房親戚。
6. 對自己知識不如人而自卑的人 → 喜歡整理新聞剪貼，熱衷於收集各種訊息。
7. 以自己地位低下引以爲恥的人 → 在宴會等場合中，異常在意座位的順序，喜歡坐在最末席。

第六章　會咬人的狗不會吠

——從「反面行動」透視對方弱點

【透視弱點法則6】一個人具有深怕別人發現自己的欲求而帶來困擾的弱點時，爲了掩飾內心的欲求，便會採取與欲求相反的行動。

對於其它事物並不敏感，唯獨對性方面的事採取異常潔癖態度的人，看到別人欺侮動物，馬上臉色大變，勃然大怒的人，不能斷定是單純的性潔癖者，或真正愛護動物的人。一般而言，只對特定的一件事呈現異常敏感的反應者，內心深處往往隱藏著與反應正相反的欲求。俗語說，愈會咬人的狗愈不會叫。同樣的，內心的不安及欲求愈強烈，愈會為了避免被發現而採取相反的行動。

恩愛夫妻為何違背自己的意願責罵對方

前不久，日本一位名作家和結縭多年的夫人離婚，這不僅是一樁轟動文壇的大事，也是社會大衆注目的焦點。

二十五年前，這對夫妻基於同是一樁詐欺事件被害者的關係而認識，進而相戀、結婚。當時，作家的夫人是個活潑開朗而又有交際手腕的女性。她的這種性格在丈夫成爲名作家時更爲明顯，她不但充當丈夫的經紀人，同時也是個卓越的製片家，非常具有才幹。事實上，這位作家能在

認爲性欲求強烈是一種弱點的人，會故意裝作對性巒不在乎。

文壇上如此活躍，其實是拜他的夫人之賜。

他的夫人個性積極主動，本身又才華橫溢，不但是個人人稱羡的作家夫人，也是輿論注目的焦點，她不斷從事教育、幼教及女性問題評論的工作，爲自己建立了很高的聲望。

但是，這位活躍的妻子和名作家之間，卻開始有了種種的紛爭，早在二、三年前，有關這對名夫妻之間存在著嫌隙的傳聞就廣爲人知了。

後來，這位作家終於在某家餐廳裏，當著一百多位記者的面，發表他們離婚的消息。神色蕭然憔悴的他，以略顯急躁的口吻說：「關於離婚背後的種種因素，我將在情緒平復之後，以小說的形態發表，目前希望大家不要再苦苦追問。」

令人意外的是，翌日他的夫人便將離婚的原因公諸於大衆，這點也可以看出他們截然不同的個性。在他夫人赤裸裸的發言中，從心理學的角度看，最值得注意的就是二人吵架時所說的話。每當他們鬧意見時，作家總是對妻子大喊：「妳少管我的閒事，自己滾到一旁涼快去吧！」而妻子也不甘示弱地咀咒丈夫：「像你這種無才的人，簡直是扶不起的阿斗，總有一天會失敗的！」

事實上，這位作家內心深處一定非常希望妻子在自己身旁，照顧自己，而他的妻子也比任何人更確信丈夫在寫作方面的才能，才會在漫長的二十五年間，爲發掘丈夫的才能而四處奔勞。

換言之，他們兩人說的話都是違心之論，由於不願坦率地承認自己的期待與欲求的感情，使他們變得言不由衷。

內心強烈的期待與欲求會促使一個人採取相反的行動

心理學上將內心有某種欲求，卻持完全相反的態度，或採取與期望相反的行動的心理，稱爲反動形成（reaction formation）。從這對夫妻的談話裏，似乎可以隱約看見反動形成的心理在作怪。

「反動形成」雖然屬於一種壓抑或抑制的形態，但卻是一種更積極的自我防衞手段。不管它是多麼積極，或以社會所允許贊同的形態出現，誘發這種行動背後的基本因素，依然是難以解除的自卑感與不安。

內心脆弱不安的人，會基於反動形成的心理，表現出堅毅不拔的樣子。

所以，反動形成式的行動，可以根據隱藏在內心深處的自卑感與弱點加以分類。一般而言，最具代表性的種類有如下三種：

(1) 由於性壓抑而導致的反動形成。

(2) 爲了壓抑攻擊性傾向，避免使其呈現於行動，造成不可收拾之局面而導致的反動形成。

(3) 由於在成長過程中遭到壓抑而殘留，或被助長的幼兒性而導致的反動形成。

這些類型的反動形成，不論何者都不是有意識、有計劃的，當事人通常並不自覺，他們都以爲自己的態度或行動，是基於公正的善意或正當的判斷，而不瞭解那是潛伏於內心的欲求或自卑感所導致的反面行動。

從這個角度來看，反動形成很類似於所謂的僞善，但它又不純粹是一種作僞性的僞善，因此，我們才有可能根據反動形式的行動透視對方的弱點，察知其眞正的性格及欲求。

極端的性潔癖症是強烈性欲求的表現

首先，我們來談談由於被壓抑的性欲求而導致的反動形成。深層心理學及精神分析的創始者佛洛伊德在其著作中，曾介紹過一個例子，那是他的學生非斯達牧師從一位學生的奇妙行動，透視連該生都未察覺的心理困擾的例子。

非斯達牧師發覺，自己在授課時，一位狀甚專心的學生，不停地把手指放在鼻子上，做出皺眉的表情。而且，這位學生是在自己的話題轉到「性的誘惑」時，才做出上述的奇怪舉動。

於是，菲斯達牧師在即將下課時，故意提出有關性的問題，結果這位學生又再度用手指捏著鼻子，所以菲斯達牧師便判斷這種動作和該生的性苦惱有很深的關連。

果然，經過數個月後，這位學生跑來向菲斯達牧師懺悔，內容果然是關於性的問題。他表示自己由於受到「自慰是一種罪惡」的意識困擾，連晚上都睡不著覺。

菲斯達牧師認爲，這位爲自慰的罪惡感困擾的學生，是由於附著於手指上的精液的腥味使他很不愉快，才會以捏鼻子的無意識動作呈現出來。

由此可以瞭解，這種對性的潔癖症，其實是由於被壓抑的性欲所導致的「反動形成」，根本的動機是因爲原本應該被壓抑的性欲亢進所產生的不安。這種性的欲求愈大，愈會呈現異常的過敏反應，進而產生極端的嫌惡感。

將黃色電影或裸體照片視爲反道德的東西而加以排斥、輕蔑的人，在公司盡量避免與女同事同席或談話的人，到了三十四、五歲仍不想結婚，一心只曉得工作的人……，這些人之中有不少性欲求遠比別人強烈，卻對這種事抱有罪惡感，於是無意識地企圖隱藏的反動形成心態，便趁機呈現作用的例子。

性的自卑感有時候會以相反的行動呈現。你是否見過特別喜歡和女同事開玩笑，或故意吹噓自己風流韻事的人？這種人看起來好像是屬於唐璜型，其實他們往往抱有強烈的性自卑感，這種人時常故作瀟灑狀，顯得洋洋自得，這也是一種反動形式的行動。

過度溫柔的妻子與極端溫柔的丈夫的真面目

任何人都希望受到親切的照顧，希望別人對自己客氣、尊重，但這些都有一定的限度。如果對方對自己親切過度，在受寵若驚之餘，恐怕也會心生懷疑。

你是否有過這種感覺：「那個人對我太親切了吧？他爲什麼對我那麼好？」，「他爲什麼對我那麼客氣？」甚至懷疑：「他對我這麼好，是不是有所企圖？」其實，從心理學的眼光來看，這種直覺是相當正確的。

過度親切或客氣的態度背後，往往隱藏著與眼睛看到的言語、行動相反的敵意、排拒等含有攻擊性的感情。這是反動形成的第二種類型——對攻擊性傾向的反動形成，由於當事人擔心自己的攻擊性傾向直接呈現，會顯出內在的欲求與弱點，於是以與這種傾向相反的態度呈現出來。

最顯而易見的例子是，有些後母對前妻的子女具有異常程度的憎惡，卻反而會過度地寵愛他們，因爲她瞭解，如果將自己對前妻子女的憎惡直接呈現出來，一定爲社會所不容，於是只好透過過度採取社會認可、贊同的行動，無意識地解放被壓抑的感情。

事實上，有很多丈夫對妻子抱有強烈的憎惡及嫌惡感，但表面上卻對妻子十分關懷，甚至贏得標準丈夫的美名。同樣的，有些妻子明知丈夫在外拈花惹草，到處留情，心中萬分妒恨，但在人前人後仍然擺出一副賢淑的樣子，對丈夫非常溫柔，無微不至地照顧他。諸如此類的行動，都是基於自我防衛的心理。

當夫妻雙方對彼此都抱有強烈的憎惡及憤怒時，在不知情的第三者眼中看來，反而像一對恩愛異常，如膠似漆的佳偶。

大部份的心理學家認為，如果夫妻間時常彼此露出萬分瞭解的笑容，而態度又是卑屈程度的客氣時，就可以斷定這對夫妻之間已經存在著相當嚴重的裂痕。

一位專門報導娛樂圈新聞的記者，經過長久的觀察，說出了下列這段掌握了「反動形成」這種人性機微的話，我覺得相當有趣。

「要發掘娛樂圈中的銀色夫妻不合的內幕並不難，我常常很用心地觀賞電視上的各種節目，如果夫妻間的一方或雙方常露出好像很幸福的表情，或者變得比較善變，不斷吹噓他們夫妻的感情是多麼融洽、甜蜜時，我就毫不考慮地去盯住他們。」

過度愛護動物是一種虐待願望的呈現

希望別人贊同自我，或具有強烈的支配、征服別人的欲求時，一旦這種攻擊性欲求被對方透視，就會引起對方的注意而無法滿足，因此當事人常會採取與這種欲求相反的謙虛態度，這種態度的呈現方式之一，就是極端避免自我表現的行動。

將異常強烈或攻擊性的性格視爲弱點的人喜歡採取保守的態度。

極力避免在別人面前發言，或做出醒目的行動；畏懼在會議中被要求發言，儘量坐在不引人注目的座位，極端時甚至完全不和上司或有才能的部屬接觸，這種態度不論本人是否有意識，都會呈現出來。乍看之下，這種態度似乎是基於羞怯的個性，但其實是由於這類型人物內在具有強烈地企圖支配、征服他人的競爭欲求，而呈現在表面的過度謙虛的態度，正是壓抑欲求的反動。

引起對自我攻擊性傾向的反動形成的根本動機，是對顯露自己的眞正欲求，是否會招致社會批評攻訐抱有畏懼與不安。換言之，這種畏懼與不安便是他們眞正的弱點。

正因爲他們具有這種弱點，一旦遇到稍微使人聯想，或暗示攻擊性行動的事件，就會呈現很敏感的反應。不惜以暴力來反對別人的粗暴行爲的反暴力主義者；對於不小心踩到狗尾巴的兒童都給予嚴厲的指責、呈現過敏反應的動物保護論者；只要看到血就會暈倒的醫學院學生；光是看到筆尖或筷子的前端（更不用說小刀或針），就會產生異常恐懼感的所謂尖端恐懼症者，大都具有這種弱點。

上述這些異常的舉動，都是基於反面的欲求，也就是想使用暴力，想欺侮動物，想以刀刄切割人體，想以尖銳的東西戳刺人體的強烈欲求所引起的一種反動形成式行動。

完全主義者內心隱藏著強烈的幼兒性

接著談到反動形成的第三種類型——對幼兒性的反動形成。

每一個幼兒都具有強烈的依賴父母的欲求，這種欲求一旦由於某種理由受到壓抑，就會反動地呈現獨立自主的態度，無理地主張自我以反抗父母，或做自己能力範圍以外的事。幼兒期的這種體驗會不斷鬱積於內心，一直到成年後才呈現這種傾向。

例如，當幼兒期被虐待的人，在心理上強烈渴望被關愛的同時，由於瞭解這種期待時常無法實現，而以失望、屈辱的形式結束之故，往往會基於這層畏懼，而採取對他人的關愛漠不關心、冷淡，或自己獨來獨往的態度。如果別人對他表示關愛之情，他會以冷漠、輕蔑或反抗等的挑戰性態度回報對方。

不論工作或生活上，都異常地呈現一絲不苟、井然有序樣的所謂潔癖心理，也可以用這種幼兒性的反動形成的心理來加以說明。

一般而言，幼兒對身體的整潔及周遭事物的整理不會賦予太大的關心，這種不潔、放縱、懶惰的幼兒性往往在成年後仍不會完全消失，而這些不良的習癖當然不可能在社會上得到正面的評價。

潔癖，便是針對這種幼兒性而產生的反動形成。所以，看到辦公室地板稍有灰塵便大皺眉頭的經理，爲了部屬的一點小錯誤或報告書上的幾個錯別字大發雷霆的課長，他們的行動都可說是對幼兒性的反動形成的結果。這類型的人傾向於和外表相反的不潔、懶惰，卻深怕這種弱點呈現出來，於是不知不覺中就變成堪稱神經質程度的完全主義者。

這種心理也能用於幾近病態熱衷於工作的人，這種人往往具有無法化解的幼兒性的本質與懶惰性。換言之，有些人對工作根本不關心、也沒有興趣，卻一心畏懼受到非難及懲罰，當這種畏懼心理達到頂點時，反而會做出截然不同的舉動，成爲衆人誇讚、盡忠職守的人，企圖藉此消除內心的緊張。

問題是，這種行動壓根兒違背了想偷懶的內在欲求，所以這種狀態下所產生的壓力反應是相當嚴重的。有時候，一個小小的原因就會使反動形成的心理呈現破綻。一個看起來好像死命埋頭於工作中的工作狂，往往會一反常態，成爲極端厭惡工作的人，便是這種病態心理、歪曲心理作怪。

所以，想要透視傾向懶惰的本質，就是設法去發現這種歪曲的心理，探求其反動形成的原因，暫時性地加以化解。也就是讓對方不再深怕遭到畏懼或處罰，經常稱讚對方的工作態度，如此一來，倘若對方的熱心工作是基於反動形成的心理，則內心的戒備會很快放鬆，開始呈現出遲到、早退的懶惰心理。

對適當的奉承嚴詞否定者的弱點

如果我們對反動形成的心理有所瞭解，就能從對方無意識的言語、行動中透視連當事人都不自覺的弱點。下面所介紹的，就是透視對方弱點的具體方法。

經常進行家庭訪問的推銷員，大概都有這樣的經驗——有些人看見推銷員愈客氣，就愈會擺出冷淡的態度，剛出道的推銷員，碰到這種冷若冰霜的顧客，通常就失望的離去，但經驗豐富的推銷員絕不會如此。

推銷老手採取的策略完全不同，對於這類型的顧客，他們不論碰多少次釘子，被拒絕多少次，仍然會熱心地推銷，因爲他們從經驗上瞭解，愈是這種外表冷漠的人，愈具有容易被人情說動的弱點。

實際上，他們經常的上門推銷，故意讓對方看到自己這種無謂的努力，則對方在無意識中根據反動形成心理而呈現的態度，就會出現破綻，呈現出「我對他那麼冷淡，實在有點於心不忍」

、「他那麼熱心，如果我都不理睬他，那他就太可憐了……」的原本心理傾向，如此推銷工作就能順利進展了。

有一種人和這類型的人完全相反，推銷員才說二、三句，他們馬上熱心地搭腔：「嗯！嗯！不錯！」、「是的、我瞭解」、「你說的很有道理！」但，從反動形成的心理來說，這種人才眞正值得注意，因爲有些人看起來雖然很熱心地在聽，其實對話題的內容全然不懂，或者根本無意購買，只是不願顯出完全漠不關心的樣子，才在一旁故意搭腔。

有一位大學教授曾說，在聽課時頻頻點頭的女學生，十之八九都不瞭解授課的內容。這種情形同樣也適用於公司裏的同事或顧客。

此外，畏懼自己戀母情結的弱點會遭人透視的男性，往往會故意訴說母親的不是；很看重金錢，發財慾遠比他人強烈的人，反而會故作大方地請客，或不停購買高價的物品。

我們經常基於工作的需要，必須和他人交際、商談甚至進行談判，在這種情況下，通常彼此之間的關係並不親密，不能一下子打開天窗說亮話，而必須說些奉承、讚譽的話，以刺探對方的心理。

但是，有些人對這種正常交際中禮貌式的奉承，也會一本正經地加以否認，根據反動形成的心理而言，這種類型的人具有非常容易被奉承話打動的弱點，所以會極力加以隱瞞。

對於這種人，不經易地提及他平常容易犯的缺點，倒不失爲一個攻破其心理防線的良方。對奉承的話愈敏感的人，這種方法愈能幫助對方獲得心理的安定，從這刻起，對方對你的評價一定會有所改變。

【從反動形成透視對方弱點實例集】

1. 對強烈的性欲求感到羞愧的人
   ↓對關於性的話題或性的氣氛會露骨地呈現嫌惡之情，採取性潔癖的態度。
2. 懷疑自己性能力較差的人
   ↓極力強調自己性格中好色的一面或風流的一面。
3. 畏懼自己對對方的嫌惡之情會被透視的人
   ↓對憎惡的人採取過度親切的態度，做出與眞正心意相反的舉動。
4. 因為無法抑制欺侮動物的欲求而困擾不已的人
   ↓看到他人稍微做出不愛護動物的舉動便勃然大怒，企圖掩飾自己的欲求。
5. 擔心自己被別人的奉承話打動的人
   ↓連客套式的讚美也一本正經地加以否認，以掩飾自己的弱點。
6. 擔心自己具有未發達的幼兒性的人
   ↓佯裝是一位完全沒有幼兒性的完全主義者，想藉此隱瞞自己的幼兒性。

第七章　做賊的喊捉賊

——從「批判行動」透視對方弱點

【透視弱點法則7】人類具有將自己的弱點歸咎於對方，認爲一切都是由對方造成的傾向。

由於心儀已久的男性對自己漠不關心，而產生欲求不滿的女性，有時候會自覺受到對方的糾纏而困擾不已。這種情形好比將對方當作一個螢幕，照映出自己的內心，也就是基於「投射」的心理，企圖減輕欲求無法獲得滿足的壓力。俗語說：做賊的喊抓賊。一個人在批評他人時，往往批評的真正對象是自己。但由於當事人通常沒有意識到這一點，所以未發覺該非難的是自己，正因為本人是無意識，更明白地呈現了他的弱點。

自己吝嗇成性却怪他人一毛不拔的牧師

在敎育界頗有名望的羅柏·康克林，於一九七九年出版了他的代表作『說服力』，該書一出版，立刻在美國及世界各地造成很大的廻響，躍入暢銷書之列，書中談到許多有關人性弱點的小故事，其中有一則特別令人印象深刻。

在美國荒廢的山岳地帶，住著一位貧窮的牧師，他每星期要花六天從事墾荒的工作，第七天才到村中的小敎堂充當牧師，而敎徒所奉獻的一點微薄的金錢，便是他唯一的收入來源。

某一個星期天，牧師和往常一樣，帶著六歲的女兒到敎堂，敎堂門口擺著一張桌子，桌子上

經常抱怨「男反對我糾纏不休」的女性，內心隱藏著「想熱烈追求男友」的強烈欲求。

一如往常地放置著一個供信徒奉獻的竹籠。

這一天，牧師和他的女兒是最早上教堂的人，所以竹籠中當然連一分錢也沒有，也許是期望信徒多多奉獻的心理作祟，牧師下意識地從口袋中摸出一枚五十分錢的銅幣，丟入竹籠中。

不久，禮拜結束了，人們紛紛離去，牧師滿懷期待地拿起竹籠，卻發現裏面仍然只有自己擲下的那枚五十分錢的硬幣。年幼的小女孩仰視著父親那張滿佈著失望的臉，天眞地說：

「爸爸！如果你多投一點錢，現在錢不就多一點了嗎？」

這位牧師將自己的吝嗇拋諸於腦後，而埋怨別人小氣。極端地說，正因爲他自己很吝嗇，才會以小人之心度君子之腹，把別人都視爲吝嗇鬼。也許那個村莊的人們經濟並沒有寬裕到足以奉獻的地步，再看看竹籠裏，連最早前來的牧師都只有奉獻五十分錢，自己乾脆也就不奉獻了。

那位小女孩雖然只有六歲，但直覺力並不遜於一位心理學家，他不僅高明地看出教徒們的心理，在某種含意下甚至可說透視了隱藏在父親內心的弱點。她從父親埋怨別人吝嗇的態度裏，捕捉到父親不願他人瞭解自己比任何人都吝嗇的心理。

以批評他人為螢幕投射出自己的弱點

羅柏．康克林在『說服力』一書中，極力主張：「如果你希望被人喜歡，自己就要先去喜歡別人。」的確，當一個人對某一個人具有某種情感時，就有覺得對方對自己柔情無限。如果覺得與某個人格格不入，通常都是因為自己先對對方看不順眼，才會覺得對方討厭自己，然後告訴自己：「並不是我討厭他，是他討厭我，就算我誠心要和他交朋友也沒有辦法呀！」

尤其是自己內心存有某種不安、不快或其他不良情感及欲求時，往往會認為他人也具有這種心理上的不安及欲求。

為什麼會有這種心理呢？這是因為人類內心的防衛機制呈現作用，試圖排除這些不安、不快的侵擾，以保護自己。這種心理，我們稱之為投射（projection）。換言之，人類會下意識地認為自己心中的不安及欲求，是存在於他人心中，企圖藉此廻避內心的糾葛。

從相反的角度來看，我們甚至可以說，喜歡批評他人感情及欲求的人，極可能是將自身的感情與欲求投射在對方身上，從這一點即可察覺他視爲隱憂的弱點。而這種情形通常是以批評別人，歸咎他人的形態呈現，所以比較容易透視。

我們常說：做賊的喊捉賊。其實，一個經常批評他人缺點的人，往往自己缺點多多，時常掛在他口頭上的怨言，其實就是他自身缺點的投射。

從透視心理弱點的角度來看，這種作法無疑是以別人的姿勢作爲螢幕，映出自己的實現。

性壓抑所引起的「F・F現象」的陷阱

一般而言，被投射的欲求及感情，都不是如善意、愛情等肯定性質的感情，而是連自己都引以爲恥的欲求及感情。如果承認自己內心存有這種欲求及感情，將會導致不安及困擾，爲了逃避這種不安及困擾，無意識中便呈現了投射的心理。

性欲求是最常形成投射心理的一種欲求，尤其是對自己強烈的性欲求抱有強烈的罪惡感，或抱有某種性的自卑感時，更容易促成性欲求的投射。

性欲求的投射，可以透過種種形態來呈現，最單純的例子便是，認爲自己對其抱有性關心的異性，也同樣對自己感興趣。這種傾向，女性比男性強烈。

例如，對心儀的男性露出一觸即發的熱情的女性，一旦對方稍微採取追求攻勢，往往會拚命拒絕，但事後卻向親密的朋友訴說：「那個無聊男子整天纏著我不放，眞是煩死人了。」嚴重時，甚至會產生自己受到誘惑、羞辱等性妄想。

女性對性通常抱有罪惡感，企圖加以壓抑的傾向很強，如果承認自己的慾望，容易引起內心的不快與不安，所以會把自己的欲求投射到對方身上，認爲自己對性漠不關心，是對方在苦苦追求，想藉此逃避不安及不快。

另一種典型的性欲求投射，是以對他人的醜聞異常感興趣的形態呈現，以最近正流行的字眼來說，便是所謂的「F．F現象」。

據調查，提高所有傳播媒體的收視率、收聽率的最大秘訣，是有關娛樂界人士及其他知名之士的醜聞的調查。從這點來看，「F．F現象」也可以說是投射作用的社會式呈現。

性欲求的投射，有時候也可以更單純、更日常化的形態呈現。例如，男高中生以卑猥的玩笑嘲弄女生的情景，這便是從異性的一點小動作聯想到自己性欲求的一種投射。

性自卑感的投射，通常會以病態的形式呈現。娶了年輕妻子的高齡老翁，只要看見妻子與其他男性談話，立即妒火中燒，甚至產生妻子紅杏出牆的妄想，這種情形可說屢見不鮮。而這種情形，追根究底都是由於丈夫性無能。

性無能常導致性的自卑感，爲濃厚自卑感所困的丈夫會把內心的不安與不滿、憤怒與悲哀投射到妻子身上，認爲對方對自己抱有憎惡感，甚至不貞，因而撩起強烈的嫉妒。

總之，性欲求投射的背後，都隱藏著性壓抑、性自卑感等本人視爲弱點的心理，因此，這也可說是透視他人弱點的一個關鍵。

愈缺乏自信者愈喜歡把「我們」掛在嘴上

在汽車或人壽保險推銷員之中，有很多人對人類心理的洞察力很敏銳，比起心理學家可說絲毫不遜色。

不久前，在一次企業雜誌的座談會上，一位資深推銷員所說的話，令我十分心服。他說：「對顧客絕不要使用『我們』、『敝公司』等措辭，一定要用『我』來交談。」這種說服方式，從心理學的角度來看，也有充分的根據。

美國某位心理學家曾作過一項有趣的研究，發現談話中頻頻出現「我」（I）的第一人稱單數者，多半個性獨立而堅強。

另一方面，缺乏個性，容易附和他人意見者，具有不斷使用「我們」（We）的第一人稱複數的傾向。

其實，這也呈現了一種類似於投射的心理。投射心理通常容易出現在一對一的人際關係中。從投射心理的性質來說，談話中不用「我」，而頻頻使用「我們」這個字眼的人，是將缺乏自信所產生的不安，投射到自己所歸屬的團體上，企圖藉此逃避內心的不安。

日常中最常見的投射，是事情發生後當事人會千方百計地「轉嫁責任」給他人。換言之，有些人在犯下某種錯誤後，不在自己的身上找原因，反而將過錯歸咎於他人。一般而言，責任轉嫁的對象多半是自己所屬的團體或公司組織。

這個時候，「我們」實在是個很方便的字眼。如果說「我」則責任所在除了「我」之外，便無其它歸屬，但如果換成了「我們」，「我」就可以躲避在「我們」之中，使責任的歸屬變得模稜兩可。

一位主管級的朋友曾對我提起他的經驗之談：在進行在職敎育時，如果讓參加者提出問題，總有一、二個會表示：「我們的產品比其它公司的價格昂貴，這是營業額無法增加的原因。」或者「公司要求的條件如此嚴格，想開拓市場恐怕不容易……」一口氣把責任推給公司。其實，這也是投射心理呈現作用的一個例子。

當然，目前一般人都認爲，自我主張必須有一定的限度，才能維持人際關係的和諧，如果過度強調自己的意見，很可能被批評爲幼稚或個人主義過強。正因爲這個緣故，大家才會在無意識中產生躲避在「我們」之中的投射心理。

不過，如果過度畏縮，不敢表示自己的意見，反而會暴露出缺乏自信、容易附和他人意見的弱點，不如適度地強調「我」，以博得對方的信賴。

轉嫁責任的方法會呈現一個人的弱點

喜歡說「我們」而不說「我」的人缺乏自信。

「The responsidility is fully my own.（一切責任在我）」

一九八〇年四月，在營救駐伊朗的美國大使館人質的作戰計劃失敗後，美國總統卡特立即在電視機裏作了如上的聲明。

在此之前，美國人對卡特的評價並不高，有些人甚至批評他是「誤入白宮的歷史上最差勁的總統」，但由於上面的那一句話，支持卡特的人居然驟增了十％以上。

歷史原本就是一連串的過失與錯誤，而我們個人也一定有過失敗的經驗，不論運氣再好也有陰溝裏翻船的時候，終生未嘗過失敗滋味的人，恐怕全世界找不出一個。

一旦遭到失敗，繼之而來的便是責任問題，而由前述卡特總統的例子可證明，人們對一個人評價的高低，往往決定於他是否負責任。

事實上，要像卡特一般聲明：「一切責任在我」並不容易，因爲在個人與社會，也就是個人與其他人的關係中，存在著責任的「追究——迴避」的迴路。

最明顯的例子是採議會制的民主主義。在議會的審議、議員質詢時，在野黨會追究政府及各級機關的責任，而政府及各級機關則會絞盡腦汁，盡量廻避，這可說是一種既定的模式。

當然，在我們周遭也無時不刻存在著「追究——廻避」的現象。爲什麼會產生這種現象呢？不言而知是由於投射作用。

如前面所述，日常生活中最常見的投射，通常是以轉嫁責任的形態呈現。一個人遭到失敗，都是由於一時疏忽、缺乏能力或懶散成性，總之過錯皆在於個人，而這種因素在社會上會得到負面的評價，如果承認自己有這些缺點，必會招致不快與不安，爲了逃避這種不安的心理，就會下意識地進行將失敗原因轉嫁到他人頭上的投射。

在這種情況下，通常會同時產生「合理化」的心理作用。換言之，此時的投射，必定夾雜著「失敗是因爲同事袖手旁觀，不肯伸出援手」、「上司對事情缺乏瞭解」或其它藉口。

所以，只要仔細觀察一個人失敗時所採取的轉嫁責任方法，即可窺知他的弱點。對公司中的人際關係感到不安及不滿的人，容易把責任轉嫁給上司或同事，至於對自己工作能力缺乏自信的人，則會將責任歸咎於辦事程序的不合理或其它突發性事件。

慣於批評、說教者的弱點

在一般公司裏，我們經常會看到所謂的資深職員在對新進人員說敎，或批評後者的過錯。這些資深人員往往會替自己辯白，表示指點新進人員是他們的責任，事實上他們只有在批判他人的行動中，才能感受到自己生存的意義。至於受「指導」的人，雖然露出一臉「謹遵敎誨」的表情，其實內心卻十分厭煩，恨不得早早開溜。

投射心理，時常如前述般以批判他人的形態呈現，而容易產生這種投射心理的人，以自覺在公司裏懷才不遇的人居多。

當然，每個人無法獲得肯定的原因不同，其中也不乏只能歸咎於時運不濟的例子。但多半是因爲在工作場所缺乏協調性，或能力上有問題，而這些都是個人性的問題。不過，有些人就是死不承認自己的缺點，千方百計把責任推給別人，試圖藉此保護自己，逃避內心的不安。從這個觀點來說，他的非難與批判無疑是在向世人宣告自己的弱點。

【從批判行動透視弱點實例集】

1. 認爲吝嗇是自己最大弱點的人 → 責怪他人吝嗇而露出自己是慷慨大度的表情。

2. 將不喜歡某人視爲自己弱點的人
➡認爲對方討厭自己，即使想喜歡對方也不可能。

3. 認爲遭心儀的男性冷落是自己弱點的女性
➡會認爲展開激烈追求的是對方而非自己，吹噓自己受對方糾纏、感到很苦惱。

4. 以自己有違倫常的願望爲弱點的主婦
➡閱讀F·F雜誌等而批判「現代女性的道德淪喪」，輕蔑、敵視他人。

5. 對自己的能力缺乏自信的人
➡認爲上司的領導方式有問題，上司與同事皆是無能之人。

6. 希望工作上受到肯定卻事與願違的人
➡認爲自己周遭的人都野心勃勃，千方百計排擠他人，所以自己無法得到肯定。

7. 認爲年齡比妻子大是一大弱點的丈夫
➡懷疑妻子嫌自己年老，看到妻子和年輕男子交談就臉色大變，勃然大怒。

第八章　人在矮簷下那能不低頭

——從「鬧彆扭行動」透視對方弱點

【透視弱點法則8】人類一旦無法順利滿足自己的欲求時，便會以鬧彆扭、沈默等幼兒性的行動來滿足這種弱點。

歇斯底里、發脾氣、鬧彆扭等幼兒性行為，是否只會出現在幼兒身上？其實不然，有時候成人也會採同樣的行動。而這種行動的背後通常隱藏著欲求無法順利獲得滿足時的挫折感。心理學家稱為「退化現象」的這種回歸幼兒期的行動，正如諺語「人在矮簷下怎能不低頭」所說的，反映出一個人的欲求不滿。只要能透視當事人無法啓齒的欲求，便能以滿足其欲求為手段，順利地接近他。

英雄難敵歇斯底里的妻子

日本的大村益次郎原是長州的一名醫師，在戊辰戰爭中擔任參謀總長，成爲有名的軍略家，明治維新後，死於刺客手中。他是日本陸軍的創始者，堪稱是以一個人的力量創建近代日本陸軍的天才軍事家，但據說他的妻子有歇斯底里，常使他頭痛萬分。

從文獻資料來看，大村夫人阿琴似乎是一位個性開朗溫柔的女性，但偶爾會呈現歇斯底里的症狀。一般而言，她的病情大約每個月發作一次，發作時會哭叫著將身邊的東西抛到丈夫的身上

潘彼德症候群者有一個共通點，那就是具有強烈的戀母情結。

，這時候，大村益次郎的唯一對策便是跑到屋後的麥田，躲到阿琴恢復平靜再回家。

如衆所周知，歇斯底里（Hysterie）一詞源自於「子宮」，中醫則稱爲「臟躁」，此處的臟也指子臟（子宮）。不論中醫或西醫都認爲歇斯底里是由於子宮的異變而導致精神失調的一種症狀。

當然，歇斯底里的症狀有很多種，最典型的還是像兒童般哭叫，陷入極度的興奮狀態，也就是所謂的發脾氣。而這種成人恢復兒童般的原始行動類型的現象，心理學上就稱爲退化現象（regression）。

當成人發生退化現象，回歸到兒童期、做出幼稚的行動時，即使英雄也莫可奈何。當然，退化現象的背後一定存在著某種原因，只要仔細加以探究，必能透視隱藏在他內心的弱點。

以大村益次郎的妻子爲例，她可能對丈夫沒有盡到爲人夫的義務抱有很大的不滿，卻一直沒有訴諸於口，久而久之，內心對全然不顧家庭，一心爲天下、國家奔走的丈夫的不滿達到頂點，就以歇斯底里的退化現象爆發，這是極爲可能的。

潘彼德症候群的深層心理

有了新弟妹出生的幼兒，會整天黏在母親後面撒嬌，甚至還採取尿床、吸吮指頭等幼兒性的行動，這種現象是很常見的。

新的弟妹誕生，母親的注意力自然會傾注於弟妹身上，相對的，用在較大孩子身上的時間也隨之減少。這時候，剛升格爲哥哥或姊姊的幼兒，就會產生無法如往昔般獨佔父母之愛的欲求不滿，因此，他們會在無意識中重覆曾獨佔父母之愛的幼兒期行動形態，以博取父母的關愛。在所謂的退化現象中，這可說是最典型的例子。

會呈現回歸幼兒期行動的，並不只限於兒童，具有歇斯底里體質的女性也經常地呈現。例如，一個具有自卑感的人，往往無法獨自完成一件事，即使是輕而易舉的事，對他們而言也難如登天；而具有學歷自卑感的，會反抗上司的命令，動輒發脾氣、鬧彆扭。又，具有身體自卑感的人，遇到運動會或其它體能競賽活動時，往往會悶不吭聲地獨守工作崗位，不肯參與。總之，各種自卑感都會以退化現象的形態來呈現。

突然鬧彆扭或是提出無理的要求是幼兒意識抬頭的表現。

童話故事裏那位「永遠長不大的孩子」潘彼德，是很多小朋友熟悉的人物。作爲一個兒童心目中的英雄，潘彼德如果一直生活在童話世界中，當然不成問題。但是，目前在許多企業組織之中，時時刻刻離不開父母的護佑，遇到困難便呈現兒童般反應的「穿西裝的潘彼德」正逐漸增加，已經成爲不可忽略的問題。

不久前，我從某企業的主管口中聽到一則笑話：該公司的經理由於某種理由嚴厲地責備一位剛進公司不久的職員。近年來，年輕人有一個很大的共同特徵——被上司責備時都顯得十分恭順。這位職員面對上司的指責時，雖然也大點其頭，臉上卻是一副頗不甘心的表情。當他回到自己的座位時，突然猛踢座椅。如果他的舉動到此爲止，我們只能說他的行動欠缺理性，而談不上退化現象。

可是，由於他踢椅子時用力過猛，椅子應聲倒下，椅背部份遭到相當程度的破壞，而周遭的人在大感意外之餘，最驚訝的是他接下來採取的行動，因為他居然立刻打電話回家，要求母親到公司賠償他打破椅子的費用，也許讀者會認為有點匪夷所思，但這卻是千眞萬確的事。

一位堂堂的大學畢業生，進入社會工作後，每犯一點小錯誤便招來母親，這還是屬於「症狀」輕微的，有的僅僅因為受上司責備，便拒絕上班，或像孩童般鬧彆扭，陷入所謂的「工作場所適應不良症候群」，這種情形眞是屢見不鮮。

關於這種呈現退化行動的潘彼德症候群，雖然可以列舉出幾項誘因，但大部份的「患者」都有一個共通點，那就是具有強烈的戀母情結。

成人後仍無法擺脫與母親一體感的戀母情結者，一旦遇到失敗或欲求不滿時，就會反射式地回頭尋求令他感到無比安適的母子關係。如果基於某種因素，無法依賴母親時，就會像幼兒般鬧彆扭、埋怨、甚至大發雷霆之怒，這可說是最典型的退化現象。

有些人「病情」雖然沒有「潘彼德症候群」那麼嚴重，卻時常莫名其妙地反抗上司的命令，或稍微受到指責時便大發脾氣，這種人通常都潛在著戀母情結的心理。

打瞌睡不一定是由於睡眠不足或身體疲倦

每當新學期一開始，對讀書不感興趣，或具有無力感的所謂「新學期病」，便逐漸在校園裏蔓延。

一到這個季節，在教室裏打瞌睡的學生當然也大爲增加。因爲對讀書不感興趣，一聽到老師講課，就昏昏欲睡，到夢鄉與周公打交道——這種說法當然沒有錯，但値得注意的是，打瞌睡也是最原始的退化現象。

無可否認的，打瞌睡是以保護生命體爲目的的生物式欲求，但它還有其他功能。例如，當嬰兒感到飢餓或流汗、處於不愉快的狀態時，首先會哭叫，但隨後卻會很快地進入睡眠中，也就是呈現以睡眠來逃避不愉快狀態的生理式防衞作用。

這種含有退化現象成份的打瞌睡，並不只出現在學生身上。相信很多人都有這樣的經驗：參加會議時，有時候對議題不感興趣，甚至於根本不瞭解議題的內容，這時候最怕被要求發言，因爲一發言必定露出自己心不在焉或全然不懂的馬脚，爲了減少內心的不安，只好低著頭，最後睡意逐漸來襲，便迷迷糊糊進入夢鄉了。

反過來說，在會議中打瞌睡的人，並不一定是因爲睡眠不足或身體疲勞，有很多人是因爲不希望被要求提供意見，才遁入夢鄉的。

對勝負耿耿於懷者內心隱藏的弱點

亨利方達所主演的西部電影「德州五壯士」，從心理學的眼光來看，也是一部頗具可看性的電影。

這部電影的內容很簡單，主要是描述由亨利方達所扮演的一名賭博郎中，來到了德州的小市鎮，利用撲克牌贏了鎮上一位大人物的鉅款。從心理學的角度來看，最有趣的是電影中的這位郎中所用的手法——他並非詐賭，只是利用心理戰術，巧妙地欺騙了對方。

一般人在玩紙牌時，往往擺出一張「撲克臉」、盡量控制表情的變化，使對方無從猜測自己手中牌的好壞。可是，這部電影中的郎中卻「不按牌理出牌」，一拿到牌馬上神情大變，眉飛色舞地表示他有一副好牌，不但叫出在房中等待的妻子，共同商量是否該把所有的錢都賭在這副牌上，還當場演出一場夫妻反目的好戲，最後連鎮上的一家銀行經理都插上一腳，提議以這副牌作擔保融資，弄得其它賭客人心惶惶，大家都以爲他手中握有絕頂好牌，紛紛放棄自己的牌，於是郎中便贏得了所有的賭資。

其實，劇中郎中的妻子、兒女都是假冒的，連銀行經理都是他們的同謀，這部電影不僅是一部出色的西部片，如果當作心理劇來看也相當傑出。

在打牌的時候，大家都彷彿置身於一個虛構的世界裏，心理上也陷入無防備的狀態。換言之，玩牌的人一心只記掛著勝負，自制力及冷靜的心也消失無踪，平日隱藏在內心的弱點與欲求也會呈現於表面。

尤其是性格上的弱點，在一個人陷入不利的狀態時最容易表面化。賭博時，一旦陷入手氣不佳，牌運不濟的欲求不滿狀態時，愈會呈現出極力想隱瞞的弱點，這是人之常情。

當然，每個人遇到這種情況時，都會有不同的反應。但一般而言，人一旦企圖隱藏內心的弱點及動機時，都會突然變得很木訥、耍脾氣、乖僻或明顯地露出不悅的態度，這也是一種退化現象。

在「德州五壯士」這部影片中，受騙者那種手足無措的態度，其實就是一種退化現象，它很明顯地呈現出當事人內在的弱點，所以亨利方達所扮演的郎中便趁虛而入，擊破他們的弱點。

幼兒性行為背後隱藏的玄機

近年來，學生們個個長得又高又壯，比起以前學生瘦骨伶仃的樣子，簡直不可同日而語，身高超過一八〇公分的年輕人眞是比比皆是。筆者雖然長得不算矮，但在校園裏還是時常要仰著頭和學生談話。

遇到這種情形，我總是會想起一位已經過世的名作家的軼事。

據瞭解，每家出版社都有一個慣例：被派任到小說部門的新進職員，首先要去拜訪該出版社的專屬作家，這時候，如果他能給對方一個良好的印象，往往會被選爲那位作家的執行編輯。

說來奇怪，每年各出版社都會派新進編輯去拜訪前述的那位作家，卻沒有一個能博得他的青睞——最主要的原因便是身高方面的障礙，因爲那位作家的身高只有一五〇公分左右，他不喜歡個子比自己高的編輯。

以個子矮小而聞名的天才軍事家拿破崙，時常穿著高跟的長統靴，這也是很有名的趣事。由此可見，因爲個子矮人一截而懷有自卑感的人確實不少。

上述那位作家的行徑，如果以孩子氣來形容，當然也沒有錯，但強烈的自卑感往往會藉著這種行動來呈現，是值得注意的一點。上述的例子雖然比較極端，但由於自卑感作祟而提出一些無理的要求，或無端發脾氣，這種情形是很常見的。

例如，有些人剛接觸高爾夫球，就自認爲自己的球技高超，到處找人較量，遇到初學者馬上擺出一副球場老將的模樣，熱心地給予指導，深怕別人不知道他會打高爾夫球。

這種人如果有一天突然不願舉起球桿，也不再提起有關高爾夫球的任何事，甚至連受他「諄諄教誨」的人來邀請他，也抵死不願去打球，換言之是突然排斥高爾夫球，那麼其中必有蹊蹺。

追根究底，通常是因爲他自己教導出來的「高徒」球技進步神速，把自己遠遠拋在後頭，或者自己洋洋得意教導的方式有誤，遭到對方的指正，於是心中產生芥蒂，甚至形成自卑感。而這種自卑感，就以放棄自己高度熱衷的高爾夫球等幼兒般的反應呈現出來。

有些孩子領導慾很強，當一群孩子在玩遊戲時，如果他不能成爲大家衆星拱月的孩子王，便索性不參與，成人有時候也會呈現同樣的心理。

換言之，鬧彆扭、胡亂發脾氣等幼兒性行動，是一種尋求欲求不滿宣洩口的幼兒性行動。

退化也會以回顧過往的形態表現

前文主要是討論以行動形態呈現的退化現象，然而退化現象卻不一定以行動的形態來呈現，有時候也會在空想的世界進行。

當一個人陷入危機重重的險境，或遭遇逆境、欲求不滿增強時，往往會回顧過去，尤其是重溫過去成功時所獲得的滿足感及快感來自我安慰。的確，成功的體驗會化爲甜美、愉快的感情深藏在心裏，因此，一旦遭逢危機或困境時，人們就會透過回顧以往成功的滿足感及成就感，將欲求不滿放逐到意識的角落。

當然，這也是一種退化現象。精神分析的始祖佛洛依德主張，人類通常具有被母愛籠罩而成長的幼兒期，在這段時期所獲得的滿足感、喜悅感及快感爲核心，形成對自己基本性的信賴感，這將成爲形成自我的重要基礎，即使成人後也不改變。

換言之，面臨困難時就想安逸地逃回回憶世界的心理，和尚未形成自我的幼兒感到不滿或不快時會激烈地哭泣，以博得母親的同情和保護可說是全然一致的。

【從鬧彆扭行動透視弱點實例集】

1. 雖然想吸引對方注意，卻苦──➡利用歇斯底里或發脾氣的幼兒性行動來掩飾弱點。

於無法直接表白的人

2.具有強烈的戀母情結的人

↓稍微遭到責備就會呈現鬧彆扭、發脾氣等幼兒式反應。

3.具有無法適應新環境的弱點者

↓雖然睡眠充足卻會打瞌睡，企圖藉此防止弱點暴露。

4.具有能力自卑感的人

↓無法獨擔大任，只要一個人辦事，再簡單的任務也會搞砸。

5.對身體狀況具有自卑感的人

↓遇到運動會或其它競技比賽時，會採取獨自躲在房中工作的鬧彆扭行動。

6.以自己未被團體肯定的疏離感爲弱點的人

↓以回顧自己以往的光榮事蹟的退化行動，來隱瞞這種弱點。

第九章　說溜嘴背後的心理

——從「錯誤行動」透視對方弱點

【透視弱點法則9】

一個人如果有强烈的弱點意識，有時候會無意識地「說錯話、做錯事」。

有些人儘管做事認真負責，絲毫不差，生活態度嚴謹，赢得衆人的信任，却時常在口頭上出錯，將經理喚為課長，這時候，可以判斷他對經理有嚴重的嫌惡感，不願被察覺這種情感的曲折心理使他錯誤頻頻。由此可見，一個人的弱點時常會以很輕微的錯誤行動呈現。「說溜嘴」的行動往往會不知不覺地透露出一個人的真正心意。事實上，一個人不論表面上多麼完美，都可以透過些微錯誤的行動找出他的弱點。

經營者的「錯誤行動」所呈現的內在弱點

目前，企業界有許多赫赫有名的領導人，這些人眼前雖然叱咤風雲，但如果追溯他們的過去，就會發現他們曾有許多不足為外人道的挫折及失敗。而最有趣的是，他們的「錯誤行動」並非由於單純的偶然，而是足以反映其當時處境的心理狀態，也就是內在的焦慮與苦惱。

例如，三井產物的會長八尋俊邦，三十歲時擔任課長之職，曾經從事橡膠的期貨交易，時值二次世界大戰結束，物資不足，因此，開始時可謂一本萬利，使他更加野心勃勃，將大筆資金投入這種投機生意。有一次，他因為作了錯誤的判斷，給公司帶來很大的損失，連營業課長的職位都無法保住，被降職爲普通員工。

此外，本田技術研究所的最高顧問本田宗一郎常有感而發地說：「我的人生是一連串的錯誤。」他表示：「促使我考慮退休的錯誤判斷之一，是有關公司內部對水冷與空冷的引擎冷卻方式的爭議。」

本田和當時的主任研究員久米是志（後來的社長）所領導的研究單位，爲了排放廢氣應使用空冷式或水冷式較理想的問題彼此針鋒相對。本田主張空冷式，因此每天都責備躲在研究所二樓研究水冷式的久米是志等人，久米是志在忍無可忍之下，斷然採取罷工一個月的抗議，最後本田終於承認採用水冷式效果較理想。而這種水冷式引擎使得一九七二年新發售的「喜美」大爲暢銷，爲他們賺進了大筆的利潤。

本田和八尋俊邦都是我的熟朋友，所以我才敢在此貿然地提起他們的這段經歷，他們二位的失敗，其實都是心理因素作祟。

當時，他們兩位都執著於強烈的攻擊性欲求，八尋的內心存在著急功近利式的焦急，企圖一舉締造佳績。至於本田則是由於年輕一代逐漸抬頭，內心畏懼自己的想法過於古板。總之，平常看起來卓然獨立，毫無弱點的人，也會在「錯誤行動」中，不知不覺地透露出他們內在的弱點及挫折。

反過來說，當事人往往可以從自己的錯誤行動中，察覺自己潛在的弱點。而一個成功的人，往往能率直地承認失敗，並且設法加以克服，從失敗中瞭解自己的弱點。

對於自己所犯的錯誤，本田也曾加以深思：「我執意要採用空冷式引擎，和年輕的技術員發生嚴重的爭論，也許是因爲我年紀大了，思想比較老舊，但因爲我發現了這個事實，才能夠及時從善如流，沒有變得更加頑固不可理喻。」

由這段話可以瞭解，本田雖然一向以頑固聞名，卻絕非冥頑不靈，他能從錯誤的判斷中反省，思考自己的進退，的確非常難能可貴。

同樣的，八尋俊邦也是把年輕時因判斷錯誤而遭降職處分的經驗，活用於克服日後被視爲三井產物所面臨的最大難題的伊朗、日本石油化學（IJPC）的問題。

弱點導致錯誤行動的三種模式

人類一旦具有攻擊性欲求或性欲求等反社會的欲求或感情時，雖然會將欲求本身壓抑、封閉在無意識的世界，但這種被壓抑的能量卻會成爲錯誤行動的誘因。藉此我們才能透視許多令人意想不到的人性弱點。只要仔細觀察，我們生活的周遭隨時能看到這種情境。

例如，自己的頂頭上司課長已經升遷爲經理，但還是有些職員會用錯稱呼，喊他爲課長。這些人的內心深處，多半無意識中存在著不願承認上司已升爲經理的感情。

「算了吧！你並不是有什麼眞才實學，只是運氣好才擔任經理……像你這種材料，能當上課

愈是企圖掩飾討厭已升遷的經理的心理，愈會不小心叫課長。

長就很不錯了！」這種心理使得某些心懷不甘的部屬，叫不出「經理」這個字眼。至於被稱呼者，分明已經升爲經理卻仍擺脫不了課長的頭銜，當然會有被輕蔑的感覺，內心的不悅是不難想像的。

將經理稱呼爲課長的部屬，並非當眞不瞭解上司已經升遷的事實，但卻依然使用舊有的稱呼，如果從心理學的眼光來看，這是因爲不願承認此一事實的心理過於強烈，所以一瞬間忘記了這個事實。

人類的弱點表現在行動上，大致可以分爲三種模式，也就是「說錯話、做錯事、容易忘記」。

錯誤的行動，通常是基於自己萬分不願給予別人的工作或行動很高的評價，卻又無法坦率表達這種情感的心理，所以就變成曲折的眞心意的表現。

說溜嘴的情形和上述的錯誤行動差不多。有時候，我們旁敲側擊地詢問對方的看法，他硬是絕口不提，但在談論其它的問題時，卻會在無意識中說溜嘴，不知不覺地呈現出他的眞心意。

錯誤的行動正是這種無意識的犯錯，所以連本人也無法防止這種眞心意或深層心理的外露，等到發覺時，錯誤早已鑄成。有些人甚至在「說溜嘴」或「做錯事」之後，仍未發覺自己的眞心意已經流露無遺。換言之，一個人的錯誤行動正好給他人提供了一條窺探其內心世界的最好管道。

無意中流露真心意的「說溜嘴」

首先，我們來看幾個說溜嘴的例子。我的一位朋友新買了一棟房子，爲了慶祝喬遷之喜，便事先把印有新家住址的帖子寄給熟悉的朋友，不久他陸續接到寫著「恭賀喬遷之喜」的帖子，但其中幾封雖然也寫了「悉賀××」的客套話，收信人地址卻依然是以前那又髒又破的住所。

從心理學的眼光來看，寄出這種回信的人，可能潛在著某種打心眼裏不爲他高興的欲求——也許是存有「你這種人那配住新房子，以前那棟舊屋就很夠了！」心理作祟。

關於房子的問題，我還聽過這麼一件小挿曲：某位課長買了一棟美侖美奐的房子，便邀請部下來參加酒宴。被邀請的人看到新房子，都異口同聲地說：「好美的建築。」但其中卻有一名年輕

眼看討厭的人失誤頻頻，不但沒有表示婉惜，反而不經意地說「活該」。

部屬出人意料地說：「這棟房子眞是漂亮，可惜比經理的房子小……不！可能還大！」由於這句話，使所有在場的人都感到十分尷尬，內心暗暗責罵他過於掃興。

聽到這段話的我，就忍不住問他的同事，此人是否平常就和課長處得不太好，但他們卻回答，平時一點也看不出他和課長有什麼不愉快，所以大家才會爲他的話感到萬分驚訝。

從這個人的舉動來看，我相信他內心必定很討厭課長，但平常卻小心翼翼地掩飾這種心理，一旦看到課長狀甚得意地向衆人炫耀他的新屋，潛存於內心的眞心意便不知不覺地衝口而出了。

說溜嘴的情形，在應該說一些稱讚、恭賀之詞的場合最容易發生。因爲眼見他人處於優於自己的生活環境時，就會強烈地產生不願加以承認的感情，因而以說溜嘴、說錯話的形態呈現。說錯話往往傷害到對方，但無可避免的也會暴露說話者本身的弱點。

隱藏在錯誤行動背後的自卑感

在工作場合中，無意識地說錯話的情形很多。

將自己升遷較晚視爲一大弱點的人，就具有說錯升遷較早的競爭對手年齡的傾向，這種心理和女性怕老而不知不覺地將自己的出生年月說得較晚的心理完全一樣。

高爾夫球是一種很重視禮貌的運動，如果對方的球順利進洞時，就必須稱讚「好球」，但如果你仔細觀察，一定會發現，有些人口中雖然大喊「好球」，臉上卻堆滿了不悅的表情。尤其是和同事等工作上的競爭對手比賽，卻一直被打敗的人，有時候會不知不覺地衝著對方說：「這一桿很重要，你一定要失誤！不！絕不能失誤！」表達出自己潛在的願望。

近年來，獨生子的離婚率有逐漸增加傾向。從幼年時便受母親百般寵愛，在過度保護下成長的男性，婚後無法與妻子和諧生活的例子很多。不久前，某雜誌也刊登了一段丈夫時常叫錯妻子的名字，衝著妻子大喊媽媽，終於導致婚姻破裂的報導。

這種事情的原因，不外乎丈夫具有強烈的戀母情結，即使結婚以後，母親在他心目中的地位仍然遠高於妻子，不小心就會以母親的名字來喊叫妻子。

總而言之，人類的弱點最後一定會變成某種錯誤的行動而呈現出來。

名投手的隱憂

人類的潛在弱點引起錯誤行動的第二種模式，就是「做錯事」。大部份的人都會積極地進行自己擅長的工作，至於比較不擅長，沒有把握的工作則往往留待以後再做。而原本就不擅長，需要花更多時間去摸索、去進行的工作，一再地延後做，最後往往因倉促行事而告失敗。

目前棒球界頗有名氣的某位評論家，以前曾是名聞遐邇的投手，他就曾提出自己的經驗之談：每位投手心中都有幾個較難對付的打擊者，他們爲了掩飾自己的心虛，在面對難應付的打擊者時，愈會使勁地投球，但愈是這種時候，投出的球愈容易著魔般地進入那位打擊者最擅長的球線，而變成全壘打。這種失敗的結果又會使投手原有的弱點意識增強，再次投出失誤的球。

當然，這種心態不僅出現在棒球場上。有一段時期，筆者在執教的大學的附屬小學裏，擔任校長一職。當時，我常聽一些資深的敎師表示，學生們擅長於那些科目，其實不需要測驗，只要派一些作業讓他們去做就可以了。

對於擅長的科目，學生們都會把作業作得整整齊齊，按時繳給老師，至於不拿手的科目，則作業往往三拖四拉還作不完，甚至全部抛到九宵雲外，壓根兒忘記做。因爲兒童年紀還小，不懂得虛飾，內心不想做的事，往往會以眞面貌表現出來。

成人當然不會像兒童般單純地呈現出來，但內心深處依然受這種法則支配。在工作場所中極度呈現這種心理的行為便是遲到。

遲到通常被認為是由於心情鬆懈所引起，但從心理學的眼光來看，遲到者對於自己的工作缺乏積極面對意願的情形相當多。不想從事這份工作，不願到這家公司上班的潛在欲求，會以遲到的形態表面化。

經常遲到的員工，不管他嘴上表示多麼喜歡自己的工作，也不過是掩飾之詞。有不少的經營者認為，經常遲到的員工難擔大任，不能把重要的工作委任給他們，因為不想積極面對工作的潛在欲求，可能會使他們在工作上犯錯。一個明察秋毫的經營者，即使不瞭解心理學，也可以根據經驗，看穿員工的弱點。

擅於管理人性弱點的管理者

前述的「說溜嘴」、「做錯事」的錯誤行動，是由逃避與自己弱點有關的事情的心理引起。這種逃避現實的心理如果進一步發展，就會變成否定一切與自己弱點有關的事物的心理，將自己討厭、困擾的事自記憶中排除的欲求增強，終於真的忘記，而陷入前述佛洛伊德所說的「忘卻」狀態。

根據犯罪學專家的說法，做出被判處死刑的殘酷行為的罪犯，必定會企圖逃避到佛洛伊德所謂的「忘卻」之中。原因是當他發覺自己所犯罪行的可怕性時，便無法忍受將此一殘酷事實留在記憶中，於是拚命去忘記它，最後在千方百計忘卻的行爲中，犯罪者本身就會眞的以爲什麼事也沒發生過。

在調查犯罪案件時，最令警方傷腦筋的正是這種類型的罪犯。對於罪犯而言，自己所犯的罪行是最大的弱點，弱點愈大，企圖忘卻的欲求也愈強烈地呈現，此乃人之常情。從相反的角度來說，我們只要瞭解對方企圖忘卻那些事，自然能透視其弱點所在了。

一家國內知名的傢俱廠商的董事長表示，在營業人員甄選時，他一定會要求對方說出一件最希望銘記在心，以及一件最希望逐出腦海的事。

這位董事長年輕時也是從推銷員開始幹起，據說他只要從對方的回答，大致就能瞭解面試者的人品與性格。其實，這倒也不失爲一個心理測驗的最佳方法。

從一個人最想記得的是成功的經驗或失敗的經驗，即可看出他的性格。愈是認眞的人，愈會牢記失敗所帶來的敎訓。

至於詢問一個人最希望遺忘的事，則可以窺知他的弱點。如果一開始便單刀直入地問：「你的弱點是什麼？」對方通常不會據實回答，因爲任何人都不願自己的弱點暴露在他人面前。換一個方式，詢問對方最想遺忘的事，實是掌握對方弱點的最好方法。

內心厭惡的人託付的事最容易忘記。如果一個經常在部屬面前得意洋洋誇耀自己的高爾夫球技術，聽得大家不勝厭煩的經理要求某位部屬：「你把我裝高爾夫球桿的袋子送回家。」那麼，後者在內心厭煩之餘，多半會忘記上司的叮嚀。如果這位部屬對經理抱有好感，大概就不會發生這種事了。

當然，「忘卻」行爲本身，對於維持人類精神生活的正常是不可或缺的。如果一個人從哇哇墜地後便牢記每分每秒發生的事，無疑的，這個人非發瘋不可。

一位知名的企業家曾說：「我們每個人都應該學著遺忘，遺忘過去，盡全力去掌握每一個今天，這是最睿智的處世之道。」法國作家孟德爾也說：「忘卻是睿智的最大特徵，透過忘卻，人才能生存下去。」

不過，導源於人性弱點的忘卻，最大的特徵在於將原本應該記得的事物加以忘卻，因而變成工作上的失誤呈現。「說錯話」、「做錯事」、「錯誤的忘卻」是錯誤行動的三大模式。當這種錯誤過於離譜時，原因就不再是單純的心情鬆懈了，其中必然潛存著某種心理弱點。

著名的心理學家P·F·杜勒加認爲：「管理者的工作就是巧妙地控制人性的弱點。」換言之，能巧妙地透視人性弱點，就能成爲傑出的管理者。

【從錯誤行動透視弱點實例集】

1. 內心厭惡對方卻小心掩飾，不願被察覺的人
➡平常時候雖然能作適當的應對，但有時候會叫錯對方的名字或頭銜。

2. 在升遷競爭中敗給敵對者的人
➡會把對方升遷的年齡說得比實際大一點。

3. 具有戀母情結的弱點者
➡有時候會不經意地以母親的名字呼喊妻子。

4. 對特定學科具有弱點意識的兒童。
➡其它學科的作業都做得很好，唯獨忘記做這門學科的作業。

5. 嫉妒討厭者比自己先購買新屋的人
➡嘴上雖然說著恭賀之詞，卻把道賀喬遷之喜的信件寄到以前的舊屋。

6. 和自認為很難對付的打擊者對峙的投手
➡以為擊中對方弱點的球會發生偏差，進入對方最擅長的打擊球線。

第十章　狐假虎威

——從「做作行動」透視對方弱點

【透視弱點法則10】人類具有不欲人知的弱點時，就會異常地炫耀其它的能力或權勢，企圖藉此隱瞞弱點。

以晦澀難解的辭彙與人交談，頻頻引用名人的話或引述名著中的文句，不斷強調自己忙碌不堪的人，你會認為他有高深的修養嗎？

其實，這種做作行動只是企圖隱瞞弱點的自我誇示行動而已。相反地，從誇示行動即可透視此人背後的弱點。只要瞭解「狐假虎威」者的真面目，不管外表看起來是多麼堅強的人，也可以掌握他的弱點。

武器收集狂的心理弱點

一位經營廣告公司的朋友表示，在C．F企劃中如果沒有可行的創意時，則採用動物作廣告最能確保市場。當然，動物模特兒也講究流行，像貓熊、綿蜥已經過時了，目前最受歡迎的是澳洲的無尾熊、海龍。除了廣告之外，在電視節目中，動物也往往是最受歡迎的演員。

不久前，電視台曾播放一個介紹中南美洲各種動物的有趣節目，這個節目的主角是擁有一身黃黑相間的鮮艷圖案及劇毒的毒蛇，而更有趣的是，在同一地區裏居然也棲息著一種外表和上述毒蛇毫無二致，但卻完全沒有毒的無毒蛇。換言之，具有和毒蛇一模一樣的外觀，就是這種無毒蛇保護自己生命的唯一手段。牠們雖然是蛇，卻也像狡猾的狐狸般懂得假借老虎的威儀。

對於動物學，我是個門外漢，不懂得其中的高深學問，不過我至少瞭解上述無毒蛇身上採取的是警戒色，以心理學的眼光來說，很顯然是一種誇示行動。人類也善於採取誇示行動，如果要一一加以說明，眞是不勝枚擧。

例如，豐臣秀吉的姪兒豐臣秀次，十幾歲時便擁有很高的官位，其後更是一帆風順，在仕途上平步青雲。但根據各種資料判斷，豐臣秀次似乎是個資質平庸的年輕人，如果不是有幸生爲豐臣秀吉的姪兒，論他的才幹根本不堪擔此重任。

秀次的叔父豐臣秀吉出身農家，既非源氏亦非平家，自然不能開幕府，不過，他卻是實質上的武門統領，秀次就是他的接班人。

問題是，這位接班人一點也不具有擔任武門統領應有的武勇，一天到晚只曉得收集天下知名猛將、豪傑所用的盔甲、兵刄等武器。秀次當然也深知自己武藝平平，但爲了滿足「我是勇將」的誇示心理，便不擇手段地奪取部屬或其它諸侯手中有名的武器，以裝點自己的門面。

如果秀次僅以此種方式誇示自己的武藝，仗著他是秀吉的姪兒，頂多不過遭社會嘲笑而已。遺憾的是，不久之後，秀次居然變本加厲，跑到聚樂第的城樓上，用火器射殺通行者，晚上則到大街上，見到人便濫砍亂殺，以這種血腥的行動誇示自己的權力。而造成秀次這種瘋狂行動的原因之一，是叔父豐臣秀吉膝下有了親生子秀賴，他時刻擔心秀賴會危及他接班人的地位，因此深深被不安及恐懼所困擾。

秀次被稱爲「殺生關白」（關白乃是日本古官名，輔佐天皇的大臣），就是由此發端。而這種誇示的結果，不但導致了他自盡的命運，也造成了二百多名妻妾、子女遭斬首的悲劇。

豐臣秀次的作爲當然是比較極端的，但爲了逃避不安與不悅而過度誇示自己權勢、能力者確實不在少數。這種誇示行動也是爲了掩飾弱點而採取的防衛行動。

壞文章呈現出知識上的自卑感

以「黃昏」爲例，描述黃昏情緻的辭彙很多，當我們在描寫黃昏時，偶爾也會用薄暮、夕暮、夕照……等稍微做作的字眼，來表示某些意境。

但是，名家所寫的文章，很少使用晦澀難懂的字眼，或令人再三咀嚼仍不知所以然。一般而言，動人心弦、廣受喜愛的文章，通常是平易近人的。

相反的，一篇文章裏如果盡是難懂的字眼或夾雜許多外國語言，光這一點就足以稱爲「壞文章」了。事實上，很多壞文章都是故意採用難解的字彙及論調，試圖誇示自我。

從心理學的眼光來看，這種壞文章純粹是智能自卑感作祟的表現。換言之，那是企圖以艱深的字眼混亂讀者的思維，以掩飾自卑感的一種防衛、誇示行動。

目前市面上到處充斥著敎人「如何寫好文章」的書籍，幾乎每一本都強調「錯別字」是寫文章的大忌。我倒覺得，過度強調用字，有時候也是智能自卑感的表現。有很多大學敎授，對自己不是一流學者感到自卑，因此在批改學生的文章時不注重內容，反而把所有注意力投注在錯別字上，這就未免有點本末倒置了。

當然，這種誇示行動也經常出現在日常會話中。我們時常看到某些人說話引經據典，用的都是令聽者一頭霧水的難字，這多半是一種智能自卑感的誇示行動。

在會議的場合中，不斷引用名著中的雋言或名人、偉人言論的人，內心深處通常對自己的知識不足抱有很深的自卑感。

這種人無法承受知識自卑感所帶來的不安，只好無意識地假借外國語言或名人言論所具有的權威，使自己顯得充滿自信。

而聽的一方如果不細察，也很容易在不知不覺間被這種權威所炫惑，而高估對方的知識。其實這只是一種狐假虎威式的誇示行動。

總之，只要仔細留意一個人的文章或談吐，要窺知隱藏在此人內心的不安及自卑感並不困難。

對自己能力愈缺乏自信者愈喜歡顯得忙碌不堪

以前，由於某家雜誌社的安排，我曾經和一位相當知名的女作家晤談。當時，錄音帶已經開

極力表現忙碌不堪的人企圖隱瞞自己的無能。

始廻轉，話題卻一直毫無進展，因爲不斷有人打電話給這位女作家，每當電話鈴一響，我們的談話便告中斷，我只好坐在一旁沈默地等待，更離譜的是，後來居然還蹦出了一位雜誌編輯，與她大談小說連載的事。

起初，我覺得她的舉動實在無禮，心中不禁有點冒火，但不久就對她的行動產生濃厚的興趣——這實在是心理學家特有的壞習慣。

據瞭解，這位女作家在尚未成名以前，有很長的一段時期一直懷才不遇，也許是因爲未受社會大衆肯定的焦慮，在她內心深處形成對自我能力根深蒂固的自卑感。當她成名以後，這種自卑感便以過度向周遭人們誇示自己忙碌的行動而呈現。

諸如此類的誇示行動，也經常在企業人士的身上出現。換言之，愈是擔任不重要的工作，或對工作缺乏自信的人，愈容易有意識地向人誇示自己的忙碌。

這種心理傾向，從一個人的記事簿就可以看出來。有才能而眞正忙碌的企業人士，只記載某些必要的事項。至於對自己能力抱有自卑感的人，一看到時間表上有空白，就會非常不安，好像這種空白正表示自己的無能般，所以連工作以外的私人性約會、家人的生日、朋友的結婚紀念日等不重要的小事，都一一記載下來，想盡辦法塡滿其中的空白。

換言之，他們是爲了掩飾自己的無能，才故意裝作很忙碌，讓人誤以爲他才能卓越、日理萬機。

要透視這種人的弱點，只要觀察他的工作態度即可。這種人嘴上雖然成天喊著「忙死了」，但他熱心從事的，都是不太需要能力的工作，至於自己缺乏自信的工作，通常會推給別人做。

地位的自卑感容易呈現在態度及所有物上

過去，警察人員對老百姓總是採取高壓政策，一旦發生情況，就會極力誇示自己的權勢。有一次，我詢問一名高級官員：「擔任各級政府機關守衛之職的警員，爲什麼在百姓面前那麼囂張？」這位高級官員回答：「守衛是最低階級的人員，平常都得依上級的命令行事，這種心理上的自卑感，使他們在一般百姓面前顯得特別囂張。」

在很多公司裏，擔任董事長或經理的人似乎都有一種特殊的風度，令人覺得威嚴逼人。因此，很多人就以爲「威嚴」是從人的才能與氣度產生。其實，這種看法是很值得商榷的，內心深處的欲求不滿與自卑感變成「威嚴」呈現的例子也隨處可見。

例如，有些人在長期擔任下層職員後，一旦升遷，待人處事的態度立刻有了驚人的轉變——在升遷以前，遇到同事或部屬都尊稱某某先生，人事命令一公佈，馬上改口直呼對方的姓名，這種態度上的轉變，也是自卑感所引起的誇示行動。

最容易使上班族產生不平、不滿的最大原因之一，可能是沒有受到適當的評價。心理上認爲自己應該獲得更高的地位，只因爲上司沒有知人之明，使自己懷才不遇，不得不委屈求全的上班族應該很多。

這種欲求不滿壓積在內心深處，等到他一朝得到升遷，必定就像脫胎換骨似的，態度大變，以誇示行動的方式呈現。又，這種人通常不會滿足於自己升遷的職位，企求更高地位而未如願的欲求不滿，會一直存留在他的心靈深處。

愛出鋒頭者的心理

很多人都有和要好的同事，趁老闆不在時統統蹺班，到咖啡廳閒坐，說上司的壞話，互相埋怨工作艱難的經驗。有些公司就利用員工的這種心理，消除他們的壓力反應。某一家公司在辦公大樓內開闢了一間員工專用茶室，飲料都是採自助方式供應，當然是免費。員工如果在上班時溜到這裏，也不會遭上司責備。此舉不僅能消除工作上的欲求不滿，還能在聊天中激發新創意，實在是一舉兩得的美事。

可是，有些人即使在這種輕鬆的聊天中，也非得成爲話題的焦點不可。事實上，不論是上班族或社區裏的家庭主婦，這種聊天方式本來就需要類似「議長」的角色才能成立。

那些人會成爲「閒談會」的「議長」呢？這也得根據個人欲求不滿能量的強度而決定。欲求不滿及自卑感被認爲是儲存在人類心靈深處的一種能量，外界的壓力愈高，欲求不滿及自卑感所形成的內壓也隨之提高，當它達到某一個界限時就會爆炸，內壓瞬間消除而得以繼續承受外界的壓力。我們就是在這種循環中，保持精神的平衡。

當然，這種外界壓力及內部壓力的平衡視個人而不同。爆發的形態——消除壓力的方式，則可分爲身體運動、語言運動、心理運動等三種。說上司的壞話、埋怨工作的難以處理相當於利用語言運動來發散內部的壓力。

所以，喜歡在聊天中擔任主角的人，表示他的外壓已經達到相當的程度，欲求不滿及自卑感的能量正在尋求爆炸點。

此外，這種類型的人通常缺乏知己朋友。換言之，他們內心的不安與寂寞都遠比別人強烈，這點使他們做出批評他人，或提供話題的日常性誇示行動，而聊天正好提供他發洩內部能量的機會。不過，由於他們的欲求不滿過於強烈，單純的聊天已經不能滿足他們，無論如何他們都得設法成爲話題的中心，才能平伏下來。

【從誇示行動透視弱點實例集】

1. 擔心自己缺乏知識的人
➡隨身携帶艱深的書籍，或透過使用外文等誇示行動來隱瞞內在的弱點。

2. 擔心自己能力無法獲得肯定的人
➡分明無事可做，卻裝成忙碌不堪的模樣，藉此消除內心的不安。

3. 對升遷緩慢耿耿於懷的人
➡一旦升遷就會極力誇示自己的頭銜，企圖掩飾自己升遷緩慢的弱點。

4. 缺乏知己朋友而寂寞難當的人
➡喜歡在閒聊式的聚會中成爲話題的中心，藉此隱瞞內在的弱點。

5. 對工作與職位感到不安的人
➡動輒掏腰包請同事及部屬，故作心安理得狀。

6. 遭丈夫冷落而內心不安的妻子
➡大肆購買化妝品，假裝沒有失去對丈夫的愛。

第十一章　玩笑話背後的眞相

——從「露出行動」透視對方弱點

【透視弱點法則11】人有時候會故意露出想隱瞞的弱點，以減輕心裡的負擔，或避免遭受別人指摘時的刺激。

有人喜歡以自己肉體上或社會上的缺陷作為話題，於是，禿頭的人會說：「我這個頭簡直太亮了，每當我開車的時候，對方來車的燈光照到我的禿頭會覺得光芒萬丈，刺眼得令他們睜不開眼。」而對學歷低感到自卑的人則說：「我只有初中畢業程度，你們可不要用太深奧的字眼說話哦！」故作蠻不在乎狀。事實上，這種行動的背面，隱藏著令人意想不到的弱點意識。如果在他們以玩笑口吻說出自己弱點之前，有人貿然當面指摘，他們一定會勃然大怒，露出不惜絕交的不快感情。當然，在他們誇大地指陳自己弱點的那一刻，已是不經易流露出弱點意識……。

以卑下自滿的方式隱瞞自卑感

所謂卑下自滿的措辭，是以低卑的說法表示自滿。這種卑下自滿的心理，筆者稱之爲「自我暴露」或「露出」。對自己的弱點及自卑感耿耿於懷的人，故意誇大地炫耀這種弱點，即是「露出行動」。這是和企圖隱藏弱點的基本欲求相反的行動，但仍然是基於試圖消除自卑感引起的欲求不滿的心理。

以沈重的心情開自己玩笑。

具有自卑感或弱點的人，在下意識裏，不僅對別人掩飾，連自己都極力避免去面對。問題是，隱瞞的結果必定使所受的壓抑增強，而欲求不滿也必隨之增強。因此，當事人只能假裝毫不在意般地自我暴露，才能減輕壓抑感，這便是呈現「露出」心理的第一個理由。

第二個理由是，為了避免別人一針見血指出自己弱點時所受的刺激與打擊，事先採取「露出行動」，以減輕傷害。任何人都不願意遭受指摘，因此，自己坦然宣佈「我就是這點不行！」反而更能迴避這種壓力反應。

不過，不管當事人裝得多麼灑脫，多麼不在乎，內心還是對自卑感及弱點深深苦惱，這是露出行動的一大特徵。

簡單地說，對方透過露出行動表明的弱點，事實上就是他的隱憂。一般人都有個共同點——

如果對方強調「是這樣」，就會懷疑「可能不是這樣」，如果對方否定「不是這樣」，就會測推「八成是這樣」，這種方法倒也挺符合人性弱點。不過，這種推測方法用在露出行動上是行不通的，因爲採取露出行動的人，往往會毫不保留地指出自己的弱點。

以沈重的心情開玩笑「小心螢光作用」

下面所要介紹的，是露出行動的具體形態。

爲了方便起見，我們將依序介紹身體及才能等個人性弱點所招致的露出行動，再討論由社會生活、家庭人際關係、工作等問題所引起的露出行動，最後再說明從自我暴露的言行透視對方弱點的方法。

男人一步入中年，頭髮便逐年減少，大有牛山濯濯之勢，有些男人甚至將禿頭視爲一大隱憂。而這種人，有時候會出人意表地強調自己頭髮稀少：「很抱歉，我這個禿頭實在很刺眼！」照相時也會調侃自己：「請注意螢光現象……。」

他們的言語、行動顯然是基於露出心理。這種人表面上似乎不把禿頭這件事放在心理，其實內心多半抱有嚴重的自卑感。

所以，愈是喜歡以自己的禿頭爲話題大作文章的人，可以說愈對自己的頭上無毛感到苦惱。面對這種人，千萬不要以爲他們很豁達大度，而故意調侃，如此才能順利地與對方建立良好的人際關係。

同樣的，經常在人前表示「我最不喜歡照鏡子，一看到鏡中的自己就討厭」的女性，對自己的容貌抱有異常的自卑感，她們的確是一看到鏡子，就爲深刻的自我嫌惡感苦惱不已。和這種女性談話，最好少提容顏之事，更不要談俊男美女的韻事。

「大家都叫我守財奴」

有人時常說：「當我走到很多人面前時，就會不由自主的發抖、怯場。」這種類型的人，在大庭廣衆之前確實會緊張地發抖。如果更深一層探討他們的心理，就會發現他們在潛意識中，將缺乏社交能力視爲一大弱點。

歸因於社會關係，或社交方面的弱點而導致的露出行動，有時候並不是以直接了當的方式作自我暴露，所以應該看清使對方做出自我暴露行動的眞正原因。

例如，一再強調「和別人一起進餐，我簡直一口也吃不下」的人，內心可能將自己不懂飲食禮儀視爲一大弱點。又，出差時無法和同事共居一室的人，可能是對自己鼾聲太大感到困擾。

有些人動不動就說：「我是傻子。」或「我不學無術，那些深奧理論我不懂。」不斷強調自己智商很低，這種人多半在學歷方面具有自卑感。當然，也有人開口閉口就是：「我是三流大學的畢業生」、「我只有初中畢業，和學校沒有什麼緣份」，將學歷自卑感直接暴露出來。

介意自己飲食禮儀欠佳的人會說：「和別人一起吃飯最痛苦！」

這種人一再強調自己學歷低、智商不高，言下之意好像是：「智商低有什麼關係，學歷又有什麼用，這和一個人眞正的價值毫無關係，所以我可以正大光明地向各位宣佈。」

其實他們對自己學歷、智商低是相當在意的。將弱點在自我意識的層面加以肯定，再訴諸於口，成爲深層意識直接的表現，可說是這類型露出的特徵。

有些人並不覺得自己很吝嗇，卻逢人便說：「大家都叫我守財奴。」這種人實際上是滿心期待對方回答：「那有這種事，我覺得你很大方啊！」不過，在他們內心深處仍然存在著一股對金錢的強烈執著，並將其視爲一大弱點。

以家庭人際關係不和諧爲弱點的人，如果從呈現於表面的言語行動並不容易透視，但只要我們瞭解露出心理，即可察覺對方極力想隱瞞的弱點。

例如，有些男性在朋友面前，頻頻以自己在家庭中遭妻子冷落、「欺侮」爲話題調侃自己，最後還下結論：「每天我都在家聽河東獅吼，眞是可憐！」或「我最怕老虎了，尤其是家裏那頭母老虎！」其實，他們絕不是閒得無聊才說這些事，做此結論的話更非開玩笑，對懼內懷有很深的自卑感，這是他們最大的弱點。

認爲工作進度過於緩慢是弱點的人，會再三強調：「我是隻動作遲鈍的烏龜！」而經常在人前責備自己的無能。在升遷競爭中敗給對手而感到自卑的人，一遇到困難就會自怨自艾：「反正我命不好，一輩子只配作低下的職務。」

由此可見，對方使用低卑的話來貶抑自己時，應該懷疑是否露出心理作祟。如果有上述徵兆，就可以確定他們的話確實在指陳自己的弱點。

【從露出行動透視弱點實例集】

1. 認爲自己容貌醜陋是最大弱點的女性 ➡ 一面說：「每次照鏡子，看到鏡中的自己就心煩！」一面敏感地觀察別人的反應。
2. 對學歷低耿耿於懷的人 ➡ 喜歡過度貶低自己：「我是個大傻瓜」。
3. 以缺乏社交能力爲自己最大 ➡ 經常宣稱「我最討厭在大庭廣衆前亮相」、「走到人多的地

弱點的人

➡方我就會發抖」。

4. 以禿頭爲弱點的人

➡喜歡以自己的頭髮爲題大作文章。

5. 對子女的品性不好感到自卑的人

➡誇大地宣揚家庭的醜事。

6. 以懼內爲最大弱點的人

➡時常以「我怕母老虎」爲話題，暴露自己懼內的事實。

7. 害怕被指爲吝嗇的人

➡自己表示「大家都叫我守財奴」，卻期待別人說「沒有那回事」。

第十二章　一家之主的紅禮帽

——從「模仿行動」透視對方弱點

【透視弱點法則12】人一旦懷有被疏遠的不安時，就會模仿在上位者的舉動，企圖消除不安。

有些人喜歡將長輩的思想、言行照單全收，自己依樣畫葫蘆，這並不是因為他們打心眼裡尊敬對方，想見賢思齊。事實上，這種行動往往反映出他們內在的弱點。換言之，不論是個人或團體，一旦產生被上級疏遠的不安時，就會導入對方的想法與行動，以逃避內心的不安。對這種人而言，在上位者是他們的模範，他們的思想與行動都是絕對的。因此，只要能左右在上位者，便能輕易地左右他們。

維多利亞王朝時代嚴厲的性風俗是由於女王的自卑感所形成

英國在目前雖然是一個逐漸衰微中的帝國，但在維多利亞女王時代，卻是帝國主義國家中的佼佼者。西元一八七六年，女王在自己無數的頭銜中，又加上一個「全印度女王」的稱號，在女王崩卒之前，英國一直繼續在擴張版圖。

維多利亞王朝時代，固然因政治繁榮而盛極一時，但另一方面，它也是個性壓抑潮流激盪澎湃的時代。不過，性壓抑愈大，反動勢力也愈強，據說維多利亞時代流行的黃色小說，即使是目前被公認最淫晦的小說，也難望其項背，是愛好此道的人士心目中的「珍品」。

維多利亞女王導入丈夫的性潔癖。

在大英帝國的全盛期，性壓抑的風氣爲何如此盛行？關於這個問題，自古以來便衆說紛云，莫衷一是，而倫敦地區盛傳的傳說之一，就是「女王是否在性方面具有自卑感」。

維多利亞女王的身高只有一五〇公分，圓滾滾的臉蛋只有在微笑的時候才有一點女人的韻味。換句話說，她不僅身就五短身材，而且姿色平平，是一個貌不驚人的矮女人。

此外，女王的成長過程也有問題，她本身是政治婚姻下的產物，自小便被賦予擔任女王的使命，在野心勃勃的約翰・康德伊爵士的監督下，被教導成一個依賴心強烈，個性軟弱的孩子。

一般人都認爲，維多利亞本身具有各方面的問題，自卑感作祟的結果，就以性壓抑的形態呈現。其實，造成維多利亞女王性壓抑的原因，並不在女王本身，而在她丈夫亞柏特身上，這點在歷史學家間早已成定論。據威靈頓公爵表示：「亞柏特是個嚴肅、道德觀很嚴格的人，而女王與他則恰恰相反。」

那麼，維多利亞女王爲何會在亞柏特去世後，學習亞柏特的方式，以嚴厲的道德戒律來統治她的帝國呢？下面我們將作一番詳細的討論，這對於透視人性弱點也有很大的幫助。

從歷史上可以瞭解，維多利亞女王就帝位的一年後，親自向亞柏特求婚。她深愛其夫，二人的婚姻生活十分幸福美滿。遺憾的是，一八六一年，她最愛的丈夫以四十二歲的英年，因病與世長辭。

亞柏特的死對維多利亞女王所帶來的打擊有多大，只要從她日後的行動就可以看出。女王在丈夫死後，終其一生都採用代表喪禮的黑色作爲基礎裝扮，身上隨時帶著亞柏特的肖像，而亞柏特在溫莎宮的房間也一直保留原貌，好像隨時在等待他的靈魂歸來一樣。此外，女王每天早上都爲亞柏特準備換穿的衣服，每天晚上還命佣人在臉盆中放置乾淨的水。

換言之，女王深怕自己所愛的丈夫會在記憶中褪去，於是試圖將丈夫生前的思想、生活方式導入自己的生活中。從這個角度來看，維多利亞女王以亞柏特生前的性壓抑態度，以及嚴厲的道德觀來統治自己的子民，應該是不難瞭解的。

在心理學上，將自己敬畏或喜愛的人思想言行，當作自己的思想，形成一致的行動準則就稱爲「導入」（introjection）。

兒童都畏懼父母或老師的處罰，為了避免遭到處罰，便自發性地去配合父母師長對自己的期望，也就是導入自己賴以生存者的態度及思想，根據這種思想來行動，這便是導入心理的作用形成的最初過程。

公司或學校的風氣足以改變一個人

前陣子，我去拜訪一位在文具公司擔任營業部經理的朋友，恰好碰到三、四個營業部的職員談笑風生地一起出去吃午餐，我不經意地看著他們，突然發現一件事。

他們走路的姿勢如出一轍，都是抬頭挺胸、擺動雙手。後來，我那位擔任營業部經理的朋友也以同樣的姿勢向我走來，我才恍然大悟。

這件事的好壞，我們姑且撇開不談。最常見的導入行動，便是公司、學校風氣可以改變一個人行為的事實。關於這點，我倒有一段難以忘懷的經驗。

我有一位學生，目前任職於某家銀行，雖然他是透過考試才進入那家銀行，但以我對他學生時代的瞭解來說，我實在很懷疑他是否能勝任銀行的工作，因為這位學生具有藝術家的性格，最適合他志趣的職業應該是作家或攝影記者。

不過，前陣子我見到他，對他過於顯著的變化感到十分訝然，他的容貌和氣質，儼然是一位卓越的銀行家，不僅如此，連思考方式、處世態度都和學生時代判若二人。

短短幾年的光陰，「導入」的心理作用已經使他完全變了一個人。人一旦成為某團體的成員，就會受到這個團體特別價值觀的影響。剛開始時，他或許會有點排斥心理，但對深層心理發揮作用的團體價值觀，在不知不覺中會形成導入作用，慢慢地連人的性格都加以改變。

所謂「公司的風氣」是肉眼捉摸不到的東西，但它卻擁有無比的神力，連個體的想法及生活方式都會逐漸加以改變。

如果仔細觀察，就會發現每家公司、每個學校都有其獨特的風氣，在其中生活的成員平時很少察覺，等到這家公司或學校與競爭對手發生對抗時，它的獨特性就會淸楚地呈現出來。

關於這一點，美國學者沃連·蘭巴德等人曾進行過一項很有趣的實驗。他們讓信仰猶太教與基督教的學生，各自組成一個小組，測量每個人承受痛苦的程度。起初只是單純地進行測驗，接著對猶太教的學生說：「猶太教徒比基督教徒缺乏忍耐力。」相反地對基督教的學生卻說：「基督教徒比猶太教徒缺乏忍耐力。」結果二組學生都呈現更卓越的忍耐力。

這是對集團加上壓力，使其發生強烈的導入作用的典型研究案例。

為什麼近墨者黑

從另一個角度來看，蘭巴德的實驗也告訴我們一個事實——導入作用與團體本身或其依存者的強度成正比。形成導入作用的原動力是個體畏懼受團體或其所依存者疏離，因此上述的事實是必然的。

換言之，導入的行動愈大，依存的程度也就愈大，無意識地廻避遭對方疏遠的欲求也隨之增強，因此個人的弱點也就表露無遺了。

例如，每一個公司裏都存在著善於模仿上司的人。如果彼此開玩笑或在團體娛興節目中模仿上司的舉動，倒也無傷大雅，但如果當事人不知不覺地採取類似上司的行動或想法，甚至連說話方式或寫出的字都毫無二致，那就相當嚴重了。

在極端的導入行動背後，一定潛藏著促使這種心理呈現作用的極端的欲求不滿及自卑感。有時候甚至還壓抑著連本人都不曾察覺的敵意及憎惡感。

任何一個人都不可能從一開始就和長輩、上司甚至他們所屬的團體具有同樣的價值觀與思想。起初，他們一定會採取抗拒行動，或不情願地順從命令，有時候甚至會呈現敵意及反感，這種行動一旦受到壓抑，那麼敵意就會愈積愈多，由於這種敵意無法呈現於表面，無意中便轉化為導入行動，企圖消除根本上的欲求不滿。

簡單的說，具有遭上司冷落、敵視的自卑感的部屬，就會反過來採取和上司類似的走路方式或講話方式。

同樣的道理，厭惡某人卻深怕被對方察覺這種心理的人，有時候連興趣、打扮、說話方式都和對方類似。此外，認為女朋友比自己聰明的男性，為了怕這種弱點呈現出來，不知不覺中就會和對方具有同樣的興趣。但是，長此以往，彼此一定無可避免地會發生衝突，所以這是一種極具危險性的導入行動。

導入作用造成的後果

前面所討論的是採取導入行動者與被導入者的關係。但是，如果在「導入」作用完成後，被導入者受到更有權勢者強烈的攻擊，會造成那一種情形？當然，有時候導入者會對更有權勢的第三者重新顯示導入反應，但通常導入者會認為自己也遭到攻擊。

例如，某職員將課長當作自己的導入對象，如果本月營業額降低，課長受到具有更大權力的經理責備，那麼該職員便會認為自己遭到責備。

這種心理作用，會呈現在極端的導入反應的延長線上，這叫做自責。換言之，所謂自責，是因為當事人已經將導入的團體或個人與自己視同一體，所以原本應該朝向「外敵」的攻擊矛頭，反而會對準自己。

尤其是在大企業服務的人，最容易受自責感所困擾，這可能是因為組織過於龐大，而上司又過於精明能幹的緣故。

自責被認為是導致精神衰弱的原因之一，當事人一旦自責過度，鑽入牛角尖，甚至會走上自殺之途。每當貪瀆事件東窗事發時，自以為受上司賞識的部屬，往往會一肩挑起上司應負的責任

追隨流行的步伐是缺乏自信的表現。

，而自殺謝罪。這種悲劇也是由於「導入——自責——自殺」的心理作用所造成。

追趕流行步伐者的心理

導入的對象也不一定如前述般是特定的團體或個人，有時候是任何一個團體、社會大眾普遍接受的觀念，甚至是流行。

最典型的例子便是在服裝或髮型上追隨流行，永遠走在流行的尖端。如果在服裝及髮型方面不隨著流行的腳步走，就會感到侷促不安的人，基本上對美的意識缺乏自信，並對此深感自卑。

除了時裝、汽車等表面化的東西有所謂的流行之外，小說、思想、資訊等領域也講究流行。如果連這方面都追趕流行的人，無疑是企圖透過對流行的導入行動，消除由於本身缺乏資訊所導致的不安及欲求不滿。

漠然地導入社會規範的例子也屢見不鮮——連電視節目都時常有這種畫面——投機的商人企圖向耿直的官員行賄，便在一旁大力勸說：「做人不必太廉潔，上行下效嘛！上面的人還不是暗地裏這樣做。」

此外，有些人犯了錯，爲了減輕內疚的心理，就編出一套藉口——「反正每個人都是這樣，沒關係。」這種行爲，當然也可以用「合理化」的觀點來解釋，但基本上它還是呈現了對一般性的社會觀念的導入作用。導入作用的特徵在於完全不管導入的對象是否正確，只問它對當事人是否有強大的影響力。對自己毫無自信，缺乏主見的人最容易對不特定的多數權威採取導入行動。

【從模仿行動透視弱點實例集】

1. 擔心丈夫對自己厭倦的妻子
   ⬇完全模仿丈夫的好惡及行動模式，企圖藉著與丈夫同化來消除不安。
2. 深怕在公司中被孤立的人
   ⬇很快接受公司的一切，將公司的風氣導入自己生活中，企圖逃避內心的恐懼。
3. 不敢坦然面對上司的人
   ⬇完全模仿上司的行動、走路方式、談話時的措辭，企圖緩和和上司間的緊張關係。
4. 深怕遭團體或上司疏遠的人
   ⬇一但團體或上司發生問題，就會極力攬下一切責任，企圖避

5.對自己的審美觀、思考方式缺乏自信的人

↓不論是思想或服裝都追隨流行，企圖掩飾這種弱點。

免與團體、上司發生裂痕。

實用心理學講座

千葉大學
名譽教授 多湖輝／著

① ***拆穿欺騙伎俩*** 售價140元

② ***創造好構想*** 售價140元

由小問題發現大問題
由偶然發現新問題
由新問題創造發明

③ ***面對面心理術*** 售價140元

面試、相親、商談或外務等…
僅有一次的見面，你絕不能失敗！

④ ***僞裝心理術*** 售價140元

使對方僞裝無所遁形
讓自己更湧自信的秘訣

⑤ ***透視人性弱點*** 售價140元

識破強者、充滿自信者的弱點
圓滿處理人際關係的心理技巧，

大展出版社有限公司
品冠文化出版社

圖書目錄

地址：台北市北投區(石牌)
致遠一路二段 12 巷 1 號
郵撥：0166955～1

電話：(02)28236031
28236033
傳真：(02)28272069

・法律專欄連載・大展編號 58

台大法學院　法律學系／策劃
法律服務社／編著

1. 別讓您的權利睡著了(1)		200 元
2. 別讓您的權利睡著了(2)		200 元

・武術特輯・大展編號 10

1. 陳式太極拳入門	馮志強編著	180 元
2. 武式太極拳	郝少如編著	200 元
3. 練功十八法入門	蕭京凌編著	120 元
4. 教門長拳	蕭京凌編著	150 元
5. 跆拳道	蕭京凌編譯	180 元
6. 正傳合氣道	程曉鈴譯	200 元
7. 圖解雙節棍	陳銘遠著	150 元
8. 格鬥空手道	鄭旭旭編著	200 元
9. 實用跆拳道	陳國榮編著	200 元
10. 武術初學指南	李文英、解守德編著	250 元
11. 泰國拳	陳國榮著	180 元
12. 中國式摔跤	黃　斌編著	180 元
13. 太極劍入門	李德印編著	180 元
14. 太極拳運動	運動司編	250 元
15. 太極拳譜	清・王宗岳等著	280 元
16. 散手初學	冷　峰編著	200 元
17. 南拳	朱瑞琪編著	180 元
18. 吳式太極劍	王培生著	200 元
19. 太極拳健身與技擊	王培生著	250 元
20. 秘傳武當八卦掌	狄兆龍著	250 元
21. 太極拳論譚	沈　壽著	250 元
22. 陳式太極拳技擊法	馬　虹著	250 元
23. 二十四式/三十二式 太極拳/劍	闞桂香著	180 元
24. 楊式秘傳 129 式太極長拳	張楚全著	280 元
25. 楊式太極拳架詳解	林炳堯著	280 元

26. 華佗五禽劍	劉時榮著	180 元
27. 太極拳基礎講座：基本功與簡化 24 式	李德印著	250 元
28. 武式太極拳精華	薛乃印著	200 元
29. 陳式太極拳拳理闡微	馬　虹著	350 元
30. 陳式太極拳體用全書	馬　虹著	400 元
31. 張三豐太極拳	陳占奎著	200 元
32. 中國太極推手	張　山主編	300 元
33. 48 式太極拳入門	門惠豐編著	220 元
34. 太極拳奇人奇功	嚴翰秀編著	250 元
35. 心意門秘籍	李新民編著	220 元
36. 三才門乾坤戊己功	王培生編著	元
37. 武式太極劍精華 +VCD	薛乃印編著	元
38. 楊式太極拳	傅鐘文演述	元

・原地太極拳系列・大展編號 11

1. 原地綜合太極拳 24 式	胡啓賢創編	220 元
2. 原地活步太極拳 42 式	胡啓賢創編	200 元
3. 原地簡化太極拳 24 式	胡啓賢創編	200 元
4. 原地太極拳 12 式	胡啓賢創編	200 元

・道 學 文 化・大展編號 12

1. 道在養生：道教長壽術	郝　勤等著	250 元
2. 龍虎丹道：道教內丹術	郝　勤著	300 元
3. 天上人間：道教神仙譜系	黃德海著	250 元
4. 步罡踏斗：道教祭禮儀典	張澤洪著	250 元
5. 道醫窺秘：道教醫學康復術	王慶餘等著	250 元
6. 勸善成仙：道教生命倫理	李　剛著	250 元
7. 洞天福地：道教宮觀勝境	沙銘壽著	250 元
8. 青詞碧簫：道教文學藝術	楊光文等著	250 元
9. 沈博絕麗：道教格言精粹	朱耕發等著	250 元

・秘傳占卜系列・大展編號 14

1. 手相術	淺野八郎著	180 元
2. 人相術	淺野八郎著	180 元
3. 西洋占星術	淺野八郎著	180 元
4. 中國神奇占卜	淺野八郎著	150 元
5. 夢判斷	淺野八郎著	150 元
6. 前世、來世占卜	淺野八郎著	150 元
7. 法國式血型學	淺野八郎著	150 元
8. 靈感、符咒學	淺野八郎著	150 元

9. 紙牌占卜學 淺野八郎著 150元
10. ESP超能力占卜 淺野八郎著 150元
11. 猶太數的秘術 淺野八郎著 150元
12. 新心理測驗 淺野八郎著 160元
13. 塔羅牌預言秘法 淺野八郎著 200元

・趣味心理講座・大展編號15

1. 性格測驗 探索男與女 淺野八郎著 140元
2. 性格測驗 透視人心奧秘 淺野八郎著 140元
3. 性格測驗 發現陌生的自己 淺野八郎著 140元
4. 性格測驗 發現你的真面目 淺野八郎著 140元
5. 性格測驗 讓你們吃驚 淺野八郎著 140元
6. 性格測驗 洞穿心理盲點 淺野八郎著 140元
7. 性格測驗 探索對方心理 淺野八郎著 140元
8. 性格測驗 由吃認識自己 淺野八郎著 160元
9. 性格測驗 戀愛知多少 淺野八郎著 160元
10. 性格測驗 由裝扮瞭解人心 淺野八郎著 160元
11. 性格測驗 敲開內心玄機 淺野八郎著 140元
12. 性格測驗 透視你的未來 淺野八郎著 160元
13. 血型與你的一生 淺野八郎著 160元
14. 趣味推理遊戲 淺野八郎著 160元
15. 行爲語言解析 淺野八郎著 160元

・婦幼天地・大展編號16

1. 八萬人減肥成果 黃靜香譯 180元
2. 三分鐘減肥體操 楊鴻儒譯 150元
3. 窈窕淑女美髮秘訣 柯素娥譯 130元
4. 使妳更迷人 成 玉譯 130元
5. 女性的更年期 官舒妍編譯 160元
6. 胎內育兒法 李玉瓊編譯 150元
7. 早產兒袋鼠式護理 唐岱蘭譯 200元
8. 初次懷孕與生產 婦幼天地編譯組 180元
9. 初次育兒12個月 婦幼天地編譯組 180元
10. 斷乳食與幼兒食 婦幼天地編譯組 180元
11. 培養幼兒能力與性向 婦幼天地編譯組 180元
12. 培養幼兒創造力的玩具與遊戲 婦幼天地編譯組 180元
13. 幼兒的症狀與疾病 婦幼天地編譯組 180元
14. 腿部苗條健美法 婦幼天地編譯組 180元
15. 女性腰痛別忽視 婦幼天地編譯組 150元
16. 舒展身心體操術 李玉瓊編譯 130元
17. 三分鐘臉部體操 趙薇妮著 160元

18. 生動的笑容表情術	趙薇妮著	160 元
19. 心曠神怡減肥法	川津祐介著	130 元
20. 內衣使妳更美麗	陳玄茹譯	130 元
21. 瑜伽美姿美容	黃靜香編著	180 元
22. 高雅女性裝扮學	陳珮玲譯	180 元
23. 蠶糞肌膚美顏法	梨秀子著	160 元
24. 認識妳的身體	李玉瓊譯	160 元
25. 產後恢復苗條體態	居理安・芙萊喬著	200 元
26. 正確護髮美容法	山崎伊久江著	180 元
27. 安琪拉美姿養生學	安琪拉蘭斯博瑞著	180 元
28. 女體性醫學剖析	增田豐著	220 元
29. 懷孕與生產剖析	岡部綾子著	180 元
30. 斷奶後的健康育兒	東城百合子著	220 元
31. 引出孩子幹勁的責罵藝術	多湖輝著	170 元
32. 培養孩子獨立的藝術	多湖輝著	170 元
33. 子宮肌瘤與卵巢囊腫	陳秀琳編著	180 元
34. 下半身減肥法	納他夏・史達賓著	180 元
35. 女性自然美容法	吳雅菁編著	180 元
36. 再也不發胖	池園悅太郎著	170 元
37. 生男生女控制術	中垣勝裕著	220 元
38. 使妳的肌膚更亮麗	楊　皓編著	170 元
39. 臉部輪廓變美	芝崎義夫著	180 元
40. 斑點、皺紋自己治療	高須克彌著	180 元
41. 面皰自己治療	伊藤雄康著	180 元
42. 隨心所欲瘦身冥想法	原久子著	180 元
43. 胎兒革命	鈴木丈織著	180 元
44. NS 磁氣平衡法塑造窈窕奇蹟	古屋和江著	180 元
45. 享瘦從腳開始	山田陽子著	180 元
46. 小改變瘦 4 公斤	宮本裕子著	180 元
47. 軟管減肥瘦身	高橋輝男著	180 元
48. 海藻精神秘美容法	劉名揚編著	180 元
49. 肌膚保養與脫毛	鈴木真理著	180 元
50. 10 天減肥 3 公斤	彤雲編輯組	180 元
51. 穿出自己的品味	西村玲子著	280 元
52. 小孩髮型設計	李芳黛譯	250 元

・青 春 天 地・大展編號 17

1. A 血型與星座	柯素娥編譯	160 元
2. B 血型與星座	柯素娥編譯	160 元
3. O 血型與星座	柯素娥編譯	160 元
4. AB 血型與星座	柯素娥編譯	120 元
5. 青春期性教室	呂貴嵐編譯	130 元
7. 難解數學破題	宋釗宜編譯	130 元

9. 小論文寫作秘訣　林顯茂編譯　120 元
11. 中學生野外遊戲　熊谷康編著　120 元
12. 恐怖極短篇　柯素娥編譯　130 元
13. 恐怖夜話　小毛驢編譯　130 元
14. 恐怖幽默短篇　小毛驢編譯　120 元
15. 黑色幽默短篇　小毛驢編譯　120 元
16. 靈異怪談　小毛驢編譯　130 元
17. 錯覺遊戲　小毛驢編著　130 元
18. 整人遊戲　小毛驢編著　150 元
19. 有趣的超常識　柯素娥編譯　130 元
20. 哦！原來如此　林慶旺編譯　130 元
21. 趣味競賽 100 種　劉名揚編譯　120 元
22. 數學謎題入門　宋釗宜編譯　150 元
23. 數學謎題解析　宋釗宜編譯　150 元
24. 透視男女心理　林慶旺編譯　120 元
25. 少女情懷的自白　李桂蘭編譯　120 元
26. 由兄弟姊妹看命運　李玉瓊編譯　130 元
27. 趣味的科學魔術　林慶旺編譯　150 元
28. 趣味的心理實驗室　李燕玲編譯　150 元
29. 愛與性心理測驗　小毛驢編譯　130 元
30. 刑案推理解謎　小毛驢編譯　180 元
31. 偵探常識推理　小毛驢編譯　180 元
32. 偵探常識解謎　小毛驢編譯　130 元
33. 偵探推理遊戲　小毛驢編譯　180 元
34. 趣味的超魔術　廖玉山編著　150 元
35. 趣味的珍奇發明　柯素娥編著　150 元
36. 登山用具與技巧　陳瑞菊編著　150 元
37. 性的漫談　蘇燕謀編著　180 元
38. 無的漫談　蘇燕謀編著　180 元
39. 黑色漫談　蘇燕謀編著　180 元
40. 白色漫談　蘇燕謀編著　180 元

・健 康 天 地・大展編號 18

1. 壓力的預防與治療　柯素娥編譯　130 元
2. 超科學氣的魔力　柯素娥編譯　130 元
3. 尿療法治病的神奇　中尾良一著　130 元
4. 鐵證如山的尿療法奇蹟　廖玉山譯　120 元
5. 一日斷食健康法　葉慈容編譯　150 元
6. 胃部強健法　陳炳崑譯　120 元
7. 癌症早期檢查法　廖松濤譯　160 元
8. 老人痴呆症防止法　柯素娥編譯　130 元
9. 松葉汁健康飲料　陳麗芬編譯　130 元
10. 揉肚臍健康法　永井秋夫著　150 元

11. 過勞死、猝死的預防	卓秀貞編譯	130 元
12. 高血壓治療與飲食	藤山順豐著	180 元
13. 老人看護指南	柯素娥編譯	150 元
14. 美容外科淺談	楊啓宏著	150 元
15. 美容外科新境界	楊啓宏著	150 元
16. 鹽是天然的醫生	西英司郎著	140 元
17. 年輕十歲不是夢	梁瑞麟譯	200 元
18. 茶料理治百病	桑野和民著	180 元
19. 綠茶治病寶典	桑野和民著	150 元
20. 杜仲茶養顏減肥法	西田博著	170 元
21. 蜂膠驚人療效	瀨長良三郎著	180 元
22. 蜂膠治百病	瀨長良三郎著	180 元
23. 醫藥與生活	鄭炳全著	180 元
24. 鈣長生寶典	落合敏著	180 元
25. 大蒜長生寶典	木下繁太郎著	160 元
26. 居家自我健康檢查	石川恭三著	160 元
27. 永恆的健康人生	李秀鈴譯	200 元
28. 大豆卵磷脂長生寶典	劉雪卿譯	150 元
29. 芳香療法	梁艾琳譯	160 元
30. 醋長生寶典	柯素娥譯	180 元
31. 從星座透視健康	席拉・吉蒂斯著	180 元
32. 愉悅自在保健學	野本二士夫著	160 元
33. 裸睡健康法	丸山淳士等著	160 元
34. 糖尿病預防與治療	藤山順豐著	180 元
35. 維他命長生寶典	菅原明子著	180 元
36. 維他命 C 新效果	鐘文訓編	150 元
37. 手、腳病理按摩	堤芳朗著	160 元
38. AIDS 瞭解與預防	彼得塔歇爾著	180 元
39. 甲殼質殼聚糖健康法	沈永嘉譯	160 元
40. 神經痛預防與治療	木下真男著	160 元
41. 室內身體鍛鍊法	陳炳崑編著	160 元
42. 吃出健康藥膳	劉大器編著	180 元
43. 自我指壓術	蘇燕謀編著	160 元
44. 紅蘿蔔汁斷食療法	李玉瓊編著	150 元
45. 洗心術健康秘法	竺翠萍編譯	170 元
46. 枇杷葉健康療法	柯素娥編譯	180 元
47. 抗衰血癒	楊啓宏著	180 元
48. 與癌搏鬥記	逸見政孝著	180 元
49. 冬蟲夏草長生寶典	高橋義博著	170 元
50. 痔瘡・大腸疾病先端療法	宮島伸宜著	180 元
51. 膠布治癒頑固慢性病	加瀨建造著	180 元
52. 芝麻神奇健康法	小林貞作著	170 元
53. 香煙能防止癡呆？	高田明和著	180 元
54. 穀菜食治癌療法	佐藤成志著	180 元

55. 貼藥健康法	松原英多著	180 元
56. 克服癌症調和道呼吸法	帶津良一著	180 元
57. B 型肝炎預防與治療	野村喜重郎著	180 元
58. 青春永駐養生導引術	早島正雄著	180 元
59. 改變呼吸法創造健康	原久子著	180 元
60. 荷爾蒙平衡養生秘訣	出村博著	180 元
61. 水美肌健康法	井戶勝富著	170 元
62. 認識食物掌握健康	廖梅珠編著	170 元
63. 痛風劇痛消除法	鈴木吉彥著	180 元
64. 酸莖菌驚人療效	上田明彥著	180 元
65. 大豆卵磷脂治現代病	神津健一著	200 元
66. 時辰療法—危險時刻凌晨 4 時	呂建強等著	180 元
67. 自然治癒力提升法	帶津良一著	180 元
68. 巧妙的氣保健法	藤平墨子著	180 元
69. 治癒 C 型肝炎	熊田博光著	180 元
70. 肝臟病預防與治療	劉名揚編著	180 元
71. 腰痛平衡療法	荒井政信著	180 元
72. 根治多汗症、狐臭	稻葉益巳著	220 元
73. 40 歲以後的骨質疏鬆症	沈永嘉譯	180 元
74. 認識中藥	松下一成著	180 元
75. 認識氣的科學	佐佐木茂美著	180 元
76. 我戰勝了癌症	安田伸著	180 元
77. 斑點是身心的危險信號	中野進著	180 元
78. 艾波拉病毒大震撼	玉川重德著	180 元
79. 重新還我黑髮	桑名隆一郎著	180 元
80. 身體節律與健康	林博史著	180 元
81. 生薑治萬病	石原結實著	180 元
82. 靈芝治百病	陳瑞東著	180 元
83. 木炭驚人的威力	大槻彰著	200 元
84. 認識活性氧	井土貴司著	180 元
85. 深海鮫治百病	廖玉山編著	180 元
86. 神奇的蜂王乳	井上丹治著	180 元
87. 卡拉 OK 健腦法	東潔著	180 元
88. 卡拉 OK 健康法	福田伴男著	180 元
89. 醫藥與生活	鄭炳全著	200 元
90. 洋蔥治百病	宮尾興平著	180 元
91. 年輕 10 歲快步健康法	石塚忠雄著	180 元
92. 石榴的驚人神效	岡本順子著	180 元
93. 飲料健康法	白鳥早奈英著	180 元
94. 健康棒體操	劉名揚編譯	180 元
95. 催眠健康法	蕭京凌編著	180 元
96. 鬱金（美王）治百病	水野修一著	180 元
97. 醫藥與生活	鄭炳全著	200 元

・實用女性學講座・大展編號 19

1.	解讀女性內心世界	島田一男著	150 元
2.	塑造成熟的女性	島田一男著	150 元
3.	女性整體裝扮學	黃靜香編著	180 元
4.	女性應對禮儀	黃靜香編著	180 元
5.	女性婚前必修	小野十傳著	200 元
6.	徹底瞭解女人	田口二州著	180 元
7.	拆穿女性謊言 88 招	島田一男著	200 元
8.	解讀女人心	島田一男著	200 元
9.	俘獲女性絕招	志賀貢著	200 元
10.	愛情的壓力解套	中村理英子著	200 元
11.	妳是人見人愛的女孩	廖松濤編著	200 元

・校園系列・大展編號 20

1.	讀書集中術	多湖輝著	180 元
2.	應考的訣竅	多湖輝著	150 元
3.	輕鬆讀書贏得聯考	多湖輝著	150 元
4.	讀書記憶秘訣	多湖輝著	180 元
5.	視力恢復！超速讀術	江錦雲譯	180 元
6.	讀書 36 計	黃柏松編著	180 元
7.	驚人的速讀術	鐘文訓編著	170 元
8.	學生課業輔導良方	多湖輝著	180 元
9.	超速讀超記憶法	廖松濤編著	180 元
10.	速算解題技巧	宋釗宜編著	200 元
11.	看圖學英文	陳炳崑編著	200 元
12.	讓孩子最喜歡數學	沈永嘉譯	180 元
13.	催眠記憶術	林碧清譯	180 元
14.	催眠速讀術	林碧清譯	180 元
15.	數學式思考學習法	劉淑錦譯	200 元
16.	考試憑要領	劉孝暉著	180 元
17.	事半功倍讀書法	王毅希著	200 元
18.	超金榜題名術	陳蒼杰譯	200 元
19.	靈活記憶術	林耀慶編著	180 元
20.	數學增強要領	江修楨編著	180 元

・實用心理學講座・大展編號 21

1.	拆穿欺騙伎倆	多湖輝著	140 元
2.	創造好構想	多湖輝著	140 元
3.	面對面心理術	多湖輝著	160 元
4.	偽裝心理術	多湖輝著	140 元

5. 透視人性弱點	多湖輝著	140元
6. 自我表現術	多湖輝著	180元
7. 不可思議的人性心理	多湖輝著	180元
8. 催眠術入門	多湖輝著	150元
9. 責罵部屬的藝術	多湖輝著	150元
10. 精神力	多湖輝著	150元
11. 厚黑說服術	多湖輝著	150元
12. 集中力	多湖輝著	150元
13. 構想力	多湖輝著	150元
14. 深層心理術	多湖輝著	160元
15. 深層語言術	多湖輝著	160元
16. 深層說服術	多湖輝著	180元
17. 掌握潛在心理	多湖輝著	160元
18. 洞悉心理陷阱	多湖輝著	180元
19. 解讀金錢心理	多湖輝著	180元
20. 拆穿語言圈套	多湖輝著	180元
21. 語言的內心玄機	多湖輝著	180元
22. 積極力	多湖輝著	180元

・超現實心理講座・大展編號 22

1. 超意識覺醒法	詹蔚芬編譯	130元
2. 護摩秘法與人生	劉名揚編譯	130元
3. 秘法！超級仙術入門	陸明譯	150元
4. 給地球人的訊息	柯素娥編著	150元
5. 密教的神通力	劉名揚編著	130元
6. 神秘奇妙的世界	平川陽一著	200元
7. 地球文明的超革命	吳秋嬌譯	200元
8. 力量石的秘密	吳秋嬌譯	180元
9. 超能力的靈異世界	馬小莉譯	200元
10. 逃離地球毀滅的命運	吳秋嬌譯	200元
11. 宇宙與地球終結之謎	南山宏著	200元
12. 驚世奇功揭秘	傅起鳳著	200元
13. 啓發身心潛力心象訓練法	栗田昌裕著	180元
14. 仙道術遁甲法	高藤聰一郎著	220元
15. 神通力的秘密	中岡俊哉著	180元
16. 仙人成仙術	高藤聰一郎著	200元
17. 仙道符咒氣功法	高藤聰一郎著	220元
18. 仙道風水術尋龍法	高藤聰一郎著	200元
19. 仙道奇蹟超幻像	高藤聰一郎著	200元
20. 仙道鍊金術房中法	高藤聰一郎著	200元
21. 奇蹟超醫療治癒難病	深野一幸著	220元
22. 揭開月球的神秘力量	超科學研究會	180元
23. 西藏密教奧義	高藤聰一郎著	250元

24. 改變你的夢術入門　高藤聰一郎著　250 元
25. 21 世紀拯救地球超技術　深野一幸著　250 元

・養 生 保 健・大展編號 23

1. 醫療養生氣功　黃孝寬著　250 元
2. 中國氣功圖譜　余功保著　250 元
3. 少林醫療氣功精粹　井玉蘭著　250 元
4. 龍形實用氣功　吳大才等著　220 元
5. 魚戲增視強身氣功　宮 嬰著　220 元
6. 嚴新氣功　前新培金著　250 元
7. 道家玄牝氣功　張 章著　200 元
8. 仙家秘傳袪病功　李遠國著　160 元
9. 少林十大健身功　秦慶豐著　180 元
10. 中國自控氣功　張明武著　250 元
11. 醫療防癌氣功　黃孝寬著　250 元
12. 醫療強身氣功　黃孝寬著　250 元
13. 醫療點穴氣功　黃孝寬著　250 元
14. 中國八卦如意功　趙維漢著　180 元
15. 正宗馬禮堂養氣功　馬禮堂著　420 元
16. 秘傳道家筋經內丹功　王慶餘著　280 元
17. 三元開慧功　辛桂林著　250 元
18. 防癌治癌新氣功　郭 林著　180 元
19. 禪定與佛家氣功修煉　劉天君著　200 元
20. 顛倒之術　梅自強著　360 元
21. 簡明氣功辭典　吳家駿編　360 元
22. 八卦三合功　張全亮著　230 元
23. 朱砂掌健身養生功　楊永著　250 元
24. 抗老功　陳九鶴著　230 元
25. 意氣按穴排濁自療法　黃啓運編著　250 元
26. 陳式太極拳養生功　陳正雷著　200 元
27. 健身祛病小功法　王培生著　200 元
28. 張式太極混元功　張春銘著　250 元
29. 中國璇密功　羅琴編著　250 元
30. 中國少林禪密功　齊飛龍著　200 元
31. 郭林新氣功　郭林新氣功研究所　400 元

・社會人智囊・大展編號 24

1. 糾紛談判術　清水增三著　160 元
2. 創造關鍵術　淺野八郎著　150 元
3. 觀人術　淺野八郎著　200 元
4. 應急詭辯術　廖英迪編著　160 元

5. 天才家學習術	木原武一著	160 元
6. 貓型狗式鑑人術	淺野八郎著	180 元
7. 逆轉運掌握術	淺野八郎著	180 元
8. 人際圓融術	澀谷昌三著	160 元
9. 解讀人心術	淺野八郎著	180 元
10. 與上司水乳交融術	秋元隆司著	180 元
11. 男女心態定律	小田晉著	180 元
12. 幽默說話術	林振輝編著	200 元
13. 人能信賴幾分	淺野八郎著	180 元
14. 我一定能成功	李玉瓊譯	180 元
15. 獻給青年的嘉言	陳蒼杰譯	180 元
16. 知人、知面、知其心	林振輝編著	180 元
17. 塑造堅強的個性	坂上肇著	180 元
18. 爲自己而活	佐藤綾子著	180 元
19. 未來十年與愉快生活有約	船井幸雄著	180 元
20. 超級銷售話術	杜秀卿譯	180 元
21. 感性培育術	黃靜香編著	180 元
22. 公司新鮮人的禮儀規範	蔡媛惠譯	180 元
23. 傑出職員鍛鍊術	佐佐木正著	180 元
24. 面談獲勝戰略	李芳黛譯	180 元
25. 金玉良言撼人心	森純大著	180 元
26. 男女幽默趣典	劉華亭編著	180 元
27. 機智說話術	劉華亭編著	180 元
28. 心理諮商室	柯素娥譯	180 元
29. 如何在公司峥嶸頭角	佐佐木正著	180 元
30. 機智應對術	李玉瓊編著	200 元
31. 克服低潮良方	坂野雄二著	180 元
32. 智慧型說話技巧	沈永嘉編著	180 元
33. 記憶力、集中力增進術	廖松濤編著	180 元
34. 女職員培育術	林慶旺編著	180 元
35. 自我介紹與社交禮儀	柯素娥編著	180 元
36. 積極生活創幸福	田中真澄著	180 元
37. 妙點子超構想	多湖輝著	180 元
38. 說 NO 的技巧	廖玉山編著	180 元
39. 一流說服力	李玉瓊編著	180 元
40. 般若心經成功哲學	陳鴻蘭編著	180 元
41. 訪問推銷術	黃靜香編著	180 元
42. 男性成功秘訣	陳蒼杰編著	180 元
43. 笑容、人際智商	宮川澄子著	180 元
44. 多湖輝的構想工作室	多湖輝著	200 元
45. 名人名語啓示錄	喬家楓著	180 元
46. 口才必勝術	黃柏松編著	220 元
47. 能言善道的說話術	章智冠編著	180 元
48. 改變人心成爲贏家	多湖輝著	200 元

國家圖書館出版品預行編目資料

透視人性弱點／多湖輝著，嚴思圖譯；
－初版－臺北市　大展，民82
面；21公分－（實用心理學講座；5）
譯自：弱點の読み方
ISBN 957-557-415-X（平裝）
1. 人際關係　2. 應用心理學
177.3　82008847

本書原名：弱點の読み方
著　者：多湖　輝
發行所：株式會社ごま書房
版權代理／鴻儒企業有限公司

透視人性弱點

ISBN 957-557-415-X

原著者／多湖　輝
編譯者／嚴　思　圖
發行人／蔡　森　明
出版者／大展出版社有限公司
社　址／台北市北投區（石牌）致遠一路2段12巷1號
電　話／（02）28236031・28236033・28233123
傳　真／（02）28272069
郵政劃撥／01669551
E－mail／dah-jaan@ms9.tisnet.net.tw
登記證／局版臺業字第2171號
承印者／高星企業有限公司
裝　訂／日新裝訂所
排版者／千兵企業有限公司
初版1刷／1993年（民82年）12月
2　刷／2001年（民90年）8月

定價／180元

大展好書 好書大展

大展好書 好書大展